MARIO KALWEIT

Meine Lieblingsrezepte aus »daheim+unterwegs«

IMPRESSUM

Produktmanagement: Eva Dotterweich, Franziska Sorgenfrei
Textredaktion: Sabine Durdel-Hoffmann
Korrektur: Jeannette Kiesel
Layout und Satz: Silke Schüler
Repro: Repro Ludwig, Zell am See
Herstellung: Bettina Schippel
Rezepte und Foodstyling: Mario Kalweit
Texte: Franz Altrogge
Fotografie: Karin Hessmann
Dekoration und Fotoassistenz: Susanne Thoenes, Mirko Müller
Postproduktion: Michael Bader, Hamburg

Printed in Slovenia by Florjancic Tisk d. o. o

Bildnachweis: Karin Hessmann: 4–14, 16 unten, 17 unten, 18–205, 216 unten rechts und oben links
Denise J. Blasczok: 15 oben und Mitte, 16 oben, 17 oben, 216 unten links
Franz Altrogge: 216 oben rechts

Ein großer Dank geht an den Vorstand und Familie Mümken vom Heimathaus Dingden für die Location und an das Catering Maria Schmelting für die große Unterstützung.

Die Deutsche Nationalbibliothek verzeichnet diese Publikation in der Deutschen Nationalbibliografie; detaillierte bibliografische Daten sind im Internet über http://dnb.d-nb.de abrufbar.

Agentur: WDR mediagroup GmbH

ISBN 978-3-86244-692-6

Restaurant La cuisine Mario Kalweit
Lübkestraße 21
44141 Dortmund
Tel. 0231-5316198
www.mariokalweit.de

MARIO KALWEIT

Meine Lieblingsrezepte aus »daheim+unterwegs«

CHRISTIAN

INHALT

LA CUISINE
Mario Kalweit

Ein Zauberer am Herd

Woran erkennt man einen guten Koch? Daran, dass er aus besten Zutaten ein gelungenes Essen zubereiten kann. Woran erkennt man einen Spitzenkoch? Daran, dass er aus wenigen Zutaten ein unvergessliches Essen zaubern kann. Mario Kalweit ist ohne Frage ein Spitzenkoch, ein Zauberer am Herd. Denn er ist ein Mann, der das Einfache, das Ursprüngliche liebt und gut und gerne auf jeglichen Luxus verzichtet, aber seine Gäste wie Könige behandelt, denen es an nichts fehlen darf.

Zuschauer von »daheim+unterwegs« kennen Mario Kalweit seit elf Jahren und sie lieben ihn, denn irgendwie schafft er es, zum Beispiel aus den schlichten Zutaten für einen Möhreneintopf ein unvergessliches Essen zuzubereiten. Ein Zauberer eben ...

Er, der Westfale mit italienischem Vornamen, mag das bodenständige Gulasch am liebsten und kann aus Tomaten durchaus mehr machen als eine Sauce und einen Salat. Das Schöne daran ist allerdings, dass er Fantasie nicht mit Protzerei verwechselt, sondern die Zutaten verwendet, die Sie ohne großes Küchenlatinum auf Ihrem Markt finden. Wenn Sie also in den Koch-Olymp aufsteigen wollen, ohne dabei die Nerven und den Überblick zu verlieren, dann sind diese Rezepte von Mario Kalweit das Richtige für Sie.

Alle hat er schon bei »daheim+unterwegs« gekocht. Einige sind besonders interessant – sozusagen ein kleiner Gruß aus der Küche für Fans und solche, die es nach der Lektüre dieses Kochbuchs bestimmt sein werden. Ich freue mich sehr über diese gelungene Rezeptsammlung und darüber, dass Mario Kalweit auch weiterhin seine kulinarischen Geistesblitze und Gerichte bei uns zeigen wird. Dieses tolle Kochbuch hilft Ihnen hoffentlich über die Wartezeit bis zu seinem nächsten Kochevent bei »daheim+unterwegs« hinweg.

Ihr Holger Cappell
Redaktionsleiter von »daheim+unterwegs«

Champion seines Fachs

Den Verfasser dieses Kochbuchs habe ich vor 15 Jahren als Mieter und Koch des Dortmunder Restaurants »La Cuisine Mario Kalweit« kennen- und schätzen gelernt. Sein nachhaltiges Engagement für den kulinarischen Ruf der Stadt Dortmund über die Stadtgrenzen hinaus zeugt von hohem Lokalpatriotismus. Auch in deflationären Zeiten der Gastronomie hat er sich dieser Zielsetzung immer verpflichtet gefühlt. Seine ausgeprägte Liebe zu einer gepflegten und erstklassigen Küche haben viele Persönlichkeiten des Sports und der Kultur schätzen gelernt. Der Präsident des schottischen Fußballverbands bezeichnete anlässlich eines Banketts zum Länderspiel Deutschland – Schottland das von Mario Kalweit zubereitete Lamm als das »beste, welches ich jemals gegessen habe«. Franz Beckenbauer und Günter Netzer äußerten sich ebenso lobend über das gelungene Ensemble von Interieur und Kost, wie Ottmar Hitzfeld die Ruhe in Verbindung mit erstklassigen Weinen lobend als Privileg ansah. Michel Platini genoss den Aufenthalt auf der wunderbaren Terrasse des Restaurants vor einem Spiel während der Weltmeisterschaft 2006 wie Udo Lattek und Matthias Sammer große Geburtstagsfeiern im Restaurant. Fritz Eckenga kürte die Küche des Verfassers zu der von ihm favorisierten.

Selbst Champion seines Fachs will Mario Kalweit uns nunmehr mit diesem Buch ebenfalls zu Meistern am Herd reifen lassen. Wie es seiner bodenständigen und bescheidenen Art entspricht, führt er uns in diesem Werk auch zu seinen »Bezugsquellen«, die sich seinem Anspruch gemäß alle im näheren Umkreis von Dortmund befinden. Somit gibt das Buch einen lückenlosen Einblick in den Alltag eines von mir sehr geschätzten Kochs.

Ich wünsche Ihnen viel Spaß bei der Lektüre und einen guten Appetit auf die Rezepte meines Lieblingskochs.

Michael Meier
ehemaliger Fußballmanager

Resümee einer langjährigen Freundschaft

Meine lebenslange Freundschaft mit Mario Kalweit begann im Jahre 1978. Nach vielen Jahren in Lissabon vermissten wir in Deutschland vor allem Gerichte mit fangfrischem Fisch. Mario, heute Küchenmeister und geschätzter Gourmetkoch, damals 10 Jahre alt und ein eifriger Angler, brachte uns eines schönen Tages einen großen Hecht – wirklich ein würdiger Nachfolger für den portugiesischen *bacalhau* und Grundlage herrlicher Fischklöße. Für Mario gab es einen Obolus, für uns fortan frischen Hecht, Karpfen, Zander und Aal.

Dank vielen Optimismus und Bisses ergatterte Mario zunächst eine Lehrstelle in einem Romantikhotel in Marienthal, danach führte ihn der berufliche Werdegang nach Kocherfahrungen in verschiedenen Spitzenhäusern schließlich nach Dortmund. Dort wurde er Küchenchef im Restaurant »Art Manger« in einer Jugendstilvilla mit stilvollem Ambiente. Mit viel Elan verwöhnt er dort mit inzwischen mehr als 1600 eigenen überraschenden Kreationen, mit Restaurantevents, Kochkursen und einer sich stets verfeinernden Küche seine Gäste. Eigenverantwortlich übernahm Mario Kalweit schließlich mit seiner Lebenspartnerin Susanne Thoenes das Restaurant, das nach inzwischen elf Jahren unter seiner Leitung nach wie vor erfolgreicher Bestandteil der Ruhrgebietsgastronomie ist, heute unter dem Namen »La Cuisine Mario Kalweit«. Seinem unerschöpflichen Fleiß, vor allem aber seiner großen Begabung verdankt es Mario, dass Auszeichnungen seinen Weg säumen – gekrönt vom begehrten Michelin-Stern.

Es ist für mich selbstverständlich, besondere Ereignisse in Marios Restaurant zu feiern. Wenn es Marios Zeit erlaubt, plaudern wir bei einer guten Flasche Rotwein auch einmal bei mir daheim – über sein Restaurant, neue Kreationen und Weinentdeckungen. Marios Anliegen war es immer, sich ständig weiterzuentwickeln, und auf der Suche nach neuen kulinarischen Kreationen hat er sich unter anderem nur zu gern von meinen Reiseberichten aus mehr als 150 Länder inspirieren lassen. Mario riet mir, diese Geschichten festzuhalten und zu veröffentlichen, was ich nun auch verwirkliche.

Unsere Beziehung war immer freundschaftlich und offen, ja, es ist beinahe eine Vater-Sohn-Beziehung, und so habe ich Mario auf seinem Weg begleitet. Er ist gradlinig, bodenständig und absolut zuverlässig. Er verbiegt sich nicht und redet auch keinem um des eigenen Vorteils willen nach dem Mund. Er ist, wie er ist. Und das mag ich an ihm. In der beliebten WDR-Fernsehreihe »daheim+unterwegs« hat Mario live mehr als 300 Mal für so manche kulinarische Überraschung gesorgt und tut dies nun für Freunde und Anhänger von Klassikern der gehobenen Esskultur in neuem Gewand auch in diesem Kochbuch.

Werner Hick
Freund und Wegbegleiter

d+u

DAHEIM+ UNTERWEGS

Kaum ein anderer Koch ist schon so lange im Fernsehgeschäft dabei wie Mario Kalweit, und schon gar nicht mit so viel Spaß. Das merkt man ihm nicht nur auf dem heimischen Bildschirm an, sondern auch hinter den Kulissen im Studio des WDR.

d+u
d+u

Hinter den Kulissen

Mario Kalweit ist bereits seit 2003 kulinarisches Aushängeschild der beliebten Nachmittagssendung des WDRs »daheim+unterwegs«. Auf der Suche nach einem Gesicht hinter dem Herd und vor der Kamera entdeckte ihn damals Denise J. Blasczok, freie Fernsehjournalistin, und bei der Sendung dabei seit der ersten Stunde. Im Gespräch mit Franz Altrogge verrät sie mehr über die Zusammenarbeit mit Mario Kalweit und gibt einen exklusiven Blick hinter die Kulissen.

Wenn für die Zuschauer die Sendung beginnt – was ist kurz vorher passiert?

Dann ist Mario – um die Mittagszeit oft inklusive Stau – von Dortmund nach Düsseldorf ins Studio gehetzt. Wird es knapp, kommt er auch schon mal im Unterhemd in die Probe und zieht sich quasi im Laufen ein frisches Hemd über. Dann schauen wir noch schnell, ob alles da ist. Dafür sorgen wir ja, aber ganz spezielle Lebensmittel wie das Wildfleisch von »Siggi« bringt Mario selbst mit. Und schon fängt die Probe an.

Was habt ihr dann schon an Vorarbeit geleistet?

Mario und ich haben uns da schon ein paar Wochen vorher überlegt, welche Rezepte saisonal passen oder ob es einen besonderen Anlass gibt. Mario schickt sie mir und Tipps dazu. Ich prüfe das und erarbeite daraus ein sogenanntes »Chapeau«. Das ist eine Art Leitfaden mit jedem einzelnen Arbeitsschritt. Die Kochrubrik ist ja in Akte unterteilt: Dort hinein müssen die einzelnen Arbeitsschritte minutiös passen. Ich überlege mir für den Zuschauer eine sinnvoll abgeschlossene Aktion als Aufmacher, idealerweise eine, nach der er denkt: »Och, find ich interessant!« und dranbleibt. Mit dem Leitfaden bekommen die Moderatoren eine Gesprächsgrundlage an die Hand.

Wie viel Raum bleibt da noch für Spontaneität?

Ganz viel. Manchmal werfen wir am Sendetag noch einmal alles um, sei es, dass plötzlich etwas anderes doch besser zum Rest der Sendung passt, oder die Moderatoren sagen: »Da hab ich ein Problem, da komm ich nicht so gut rein.« Es gibt Moderatoren, die halten sich komplett an den geplanten Ablauf. Die sagen, okay, ich weiß, was der Koch zubereitet, ich kenne die Geschichte hinter dem Gericht – die ist immer ganz wichtig. Schließlich wäre es langweilig zu fragen: Was ist das für ein Gewürz? Viel interessanter ist doch zu erfahren, was der Koch mit diesem Gericht verbindet.

Was kann das zum Beispiel sein?

Ein ganz normales Suppengericht hat auch etwas mit Heimat zu tun, man denke nur an eine rheinische Linsensuppe. Es geht nicht nur um das Rezept, sondern auch darum, ein Gefühl zu vermitteln, eine Geschichte hinter dem Rezept zu entdecken. Und Mario gehört doch zu unserer »daheim+unterwegs«-

Ein eingespieltes Team: (von links) Mario Kalweit, Denise J. Blasczok und Franz Altrogge

Hinter den Kulissen behalten die Redakteure den Überblick.

Familie. Also ist wichtig: Wann hat der das das erste Mal gegessen? Ist das vielleicht ein Rezept seiner Mama, das er verfeinert hat? Was macht es zu Marios Rezept? Die Linsensuppe von Mario hat immer irgendwas Besonderes, weil er mit Aromen spielt, vielleicht Pancetta nimmt statt Speck oder, oder.

Wie hat alles angefangen?

Am Anfang haben wir ohne festes System an allen möglichen Wochentagen gekocht, halt immer verschiedene Köche eingeladen. Irgendwann haben wir gesagt, es wäre ganz schön, wenn der Zuschauer in diesen zwei Stunden neben den Moderatoren auch einen Koch als feste Bezugsperson hätte. Man hat mich gebeten, über eine Art Rubrik und einen »daheim+unterwegs-Koch« nachzudenken. Ich bin ja eh ein »Foodie«, immer in Sachen Essen unterwegs, und hatte schon ein Auge auf Mario geworfen. Mir war es wichtig, jemanden zu finden, der keine Distanz aufbaut in einer Sendung, die sozusagen eine »Familie« hat. Von Mario hatte ich vor allem ein Bild im Kopf: Mario in der monatlichen Rubrik »Ein Koch und sein Rezept« von »essen & trinken« mit hochgekrempelten Ärmeln und nur ein paar ungeschälten Kartoffeln vor sich. Das fand ich so sympathisch, dass ich zum Redaktionsleiter gesagt habe: »Mensch, das wär doch ein Koch für uns, das wär wie ein Familienmitglied.«

Das war, bevor du das erste Mal etwas gegessen hast, das Mario gekocht hat?

Ich wusste gar nicht, ob der wirklich kochen kann … nur, dass er zu der Zeit einen Stern hat. Wir haben Mario on air gecastet – er hat gekocht und es war Liebe auf den ersten Blick, alle fanden ihn toll. Mario ist dann gekommen, hat die Ärmel hochgekrempelt und direkt angefangen. Seitdem kommt er aus Dortmund, macht alles möglich.

Wie quält ihr ihn denn?

Wir sagen immer, alles soll für den Zuschauer nachvollziehbar sein: Landhuhn statt Bressehuhn. Das war für Mario zunächst ein bisschen befremdlich, denn sonst konnte er sich seine Zutaten aussuchen. Als saisonale und regionale Küche noch kein Thema war, habe ich schon gesagt: »Kuck mal, was kommt aus unserer Region und was ist jetzt auf dem Speiseplan?« Mario hat zwar oft gesagt: »Boah ey, du nervs, watt hasse dir denn getz schon wieder ausgedacht?« Aber es hat ihm, glaube ich, auch von Anfang an Spaß gemacht.

Ist er denn ein typischer Spitzenkoch?

Mario ist vor allem sehr bodenständig, geradeheraus – auch, als er noch »mit Stern« gekocht hat. Er ist einfach ein Mensch wie du und ich, nur mit der besonderen Leidenschaft, wahnsinnig gerne zu kochen und Leute zu verwöhnen. Der ist einfach … Mario!

Kocht Mario Fastfood?

Pommes macht er, der macht total gute Pommes. Der frittiert die zweimal, dieser Kniff ist super, dadurch bekommen sie die knusprige Kruste, die wir so mögen. Und welcher Spitzenkoch macht schon Pizza, so ein tolles Gericht? Mario hat den Hefeteig zu Hause vorbereitet und aus Dortmund mitgebracht, es war perfekt.

Das ist ja verlockend, wenn die vorbereiteten Zutaten da so stehen – da nascht doch bestimmt mal jemand?

Jaja, dann wird geprobt und dann wird dran genascht. Der Mario hat dann einfach ganz cool in der Sendung mehr aus dem Kühlschrank geholt, der am

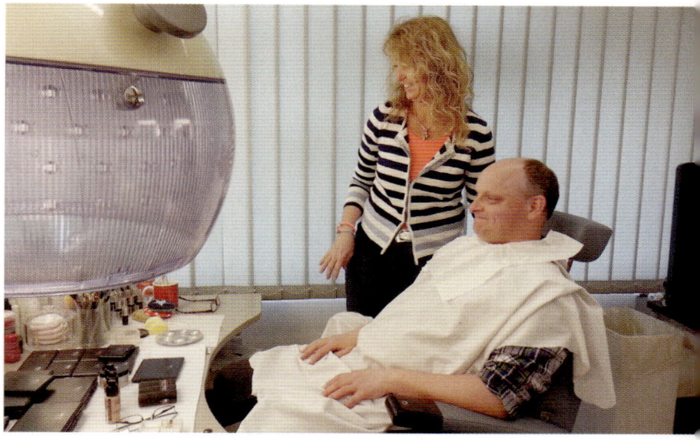

An Abdeckstift und Co. musste sich Mario Kalweit erst gewöhnen.

Auch hinter den Kulissen macht unser Koch eine gute Figur.

Sein Terrain ist aber vor der Kamera, hier mit Moderator René le Riche.

Hier halten alle fest zusammen: (von links) Moderatoren Stefan Pinnow, Susan Link und Mario Kalweit

Denise J. Blasczok und Mario Kalweit plündern den Zuschauergarten des WDR.

Set ja wirklich gefüllt ist. Aber es gibt auch Situationen, da müssen wir richtig improvisieren.

Apropos improvisieren, passiert schon mal was? In so vielen Jahren geht doch nicht alles glatt!

Wir arbeiten in der Küche auf ganz normalen Herdplatten. Mario und die Köche schieben – »schubbern« nennen wir das – immer die Pfannen hin und her. Mario hat wohl ein bisschen zu viel »geschubbert«, das Öl auf der heißen Herdplatte gab eine Stichflamme während der Live-Sendung – es ist gut gegangen. Ab einem cm Öl in der Pfanne muss ich heute immer einen Feuerwehrmann bestellen. Das Risiko, dass sich jemand verbrennt, ist einfach zu groß. Aber ehrlich gesagt passiert bei Mario gar nicht viel, der ist ein Profi. Bei dem lief von Anfang an alles so reibungslos, als wenn er immer zu uns gehört hätte. Zuschauerfragen über E-Mail oder facebook werden direkt in die Sendung gereicht. Bei der Frage »In welche Richtung schneide ich Fleisch richtig an?« – für einen Koch, zumal Mario, keine Herausforderung – war Mario gerade mit etwas ganz anderem beschäftigt und gab versehentlich die falsche Antwort. Später in der Sendung hat er spontan gerufen: »Moment mal, das ist doch gar nicht so, was erzähl ich für 'nen Quatsch …« Der kann das prima auffangen – das sind Live-Momente, für die man die Sendung lieben muss.

Viel Spaß im Studio haben Stefan Pinnow, Mario Kalweit und Sandra Quellmann.

Die neuen Kulissen im Studio sind Mario Kalweits zweite Heimat.

Wie wird es weitergehen, haben Sie da schon eine Vorstellung?

Ich kann mir vorstellen, dass Kochen noch eine ganze Weile sehr attraktiv für solche Formate wie unsere Sendung bleibt, denn sie vermittelt den Leuten eine Art Heimatgefühl. In der Küche hat man sich immer wohlgefühlt, Küche bedeutet Familie, Heimat, Lebensmitte. Wenn wir das weiter richtig machen und immer wieder anpassen, können wir unsere Zuschauer noch lange glücklich machen. Den Koch mit einzubeziehen – das ist ein gutes Konzept, das noch lange trägt. Ein Beispiel: Mario hat seine eigenen Tomaten und stellt uns sein Tomatentagebuch zur Verfügung. Da haben ich und die Redaktion uns halt überlegt, er könnte doch mal ein paar Fotos schießen, wenn er die pflanzt, bis zur Ernte. Er bringt uns die Fotos mit und es gibt Rezepte dazu. Das ist doch für den Zuschauer etwas ganz anderes, als wenn wir irgendein Tomatenrezept zubereiten. Er sieht, der Mario ist nicht nur Koch, sondern der beschäftigt sich mit den Dingen, der betüdelt die kleinen Pflänzchen, das ist doch toll! Es gibt überall Kochsendungen, aber eben das macht unsere Sendung so besonders.

EIN TAG MIT MARIO KALWEIT

Text Franz Altrogge

Mario Kalweit beschäftigt sich rund um die Uhr mit Essen, und das schon seit Kindertagen. Begleiten Sie ihn einen Tag lang zu den Lebensmittelproduzenten seines Vertrauens und erfahren Sie mehr über die besonderen Zutaten des sympathischen Kochs.

Pommeeessss!

Es war einmal ein kleiner Junge am Niederrhein, der aß für sein Leben gern Pommes. Und gab es einmal keine Pommes, wollte er – Pommes. Kochte das Mütterlein für ihn etwas anderes zum Mittagsmahl, und das anerkannterweise gut, sagte der Bub: »Frau Mutter, ich bin schon satt, denn ich habe schon Pommes gegessen.« Spielte er mit seinem Freund Walter im Wald, machten die Buben nämlich ein Feuer, stellten einen Topf mit Fett darauf und brutzelten sich: Pommes!

»Ach«, klagte die Mutter der Base ihr Leid, »Was mache ich nur mit diesem Balg? Es stopft sich den Wanst mit Pommes, wie bekomme ich nur etwas anderes in ihn hinein? Selbst der Pastor ist keine Hilfe, denn statt des frommen Kirchgangs zieht es den Jungen stets zu Kallis Flammengrill.« »Nun«, sprach die weise Base Christl, »lass ihn diesen Weg bis zum fettigen Ende gehen. Lass ihn in diesen Ferien so viel Pommes essen, wie er will, so viel Pommes, dass sie ihm aus der Nase und den Ohren quillen, so viel Pommes, dass er im Leben nichts mehr davon haben will!«

Und das Mütterlein tat, wie ihm geheißen ward, und der Junge tat, wie ihm geheißen ward, vertilgte Pommes um Pommes, Schale um Schale. Ganze Fritteusenladungen stopfte er in sich hinein, doch nichts quoll aus den Ohren, nichts aus der Nase. Das Ende der Ferien nahte und das Mütterlein bangte und bangte immer mehr und es bangte zu recht: Das Orakel der weisen Base hatte sich nicht erfüllt und der kleine Mario wollte immer noch nur: Pommes! Und da er nicht gestorben ist, liebt er heute immer noch: Pommes!

Pommes und Currywurst in der »Hafenschenke«

Das entscheidende Detail an diesem Märchen: Es ist wahr, mehr oder weniger. So zumindest hat Mario es mir erzählt und das auch nicht irgendwo, sondern bei Currywurst, Pommes, Mayo im Dortmunder Hafen. Umgeben von reichlich Industrie ist die »Hafenschänke« eine besonders feine Adresse. Diese Kombination aus Pommesbude und Fernfahrerkneipe wird von Marc Herbst, Marios Kochkollegen aus alten Zeiten, betrieben. Auch Marc hat sein Handwerk im hellen Licht der berüchtigten Sterne gelernt. Marc Herbst bietet, was die klassische Laufkundschaft verlangt – aber eben auch etwas mehr. Die Pommes sind auf den Punkt, Wurst hat er zuvor erst bei mehreren Metzgern ausprobiert und was er mit den Saucen anstellt, weiß nur er allein. Seine Frikadellen gehören zu den besten, die es zu kaufen gibt. Jeden Tag bietet er ein anderes frisch gekochtes Tagesgericht an, das kann dann auch schon mal Wildgulasch sein.

… und im »Verkehrshof«

Nachtrag zum Märchen: Die Lust auf Pommes trieb den kleinen Mario immer wieder als Zaungast in die Küche seines Onkels im dunklen Gelsenkirchen. Der betrieb dort die Kneipe »Verkehrshof« (nein, keine Bordellkantine, sondern einfach eine Kneipe in der Nähe der Straßenbahnzentrale). Das Naschen der Pommesreste war das eine, die beginnende Faszination für Restaurantküche das andere. Ende vom Lied: Nach der Schule wollte Mario eine Kochlehre absolvieren, war aber noch zu jung und musste ein Jahr auf der Hauswirtschaftsschule geparkt werden: Allein unter Frauen! Da der talentierte Junge ständig Mist baute, wurde er zum Strafbügeln abkommandiert und lediglich zum Abschmecken in die Küche geholt. Dass er das besser konnte als andere, war schnell allen klar.

Vom Gourmand zum Gourmetkoch

Aus einem weiteren Restaurantpraktikum wurde eine Lehrstelle, aus einem Lehrling ein Geselle auf Wanderschaft. Da ein Chef den nächsten kennt und fleißige Mitarbeiter gerne empfiehlt, sammelte Mario Kalweit seine Erfahrungen in mehreren Gourmetküchen, lernte Sterneküchen von innen kennen, gab in der Provinz zum ersten Mal den Chef und ward fortan der Häuptling in jeder Küche, mal mit Michelin-Stern drüber, mal mit Fernsehstudio drum rum oder eben jetzt und hier in diesem Buch.

Der Samenbänker

Nach fast 30 Jahren Journalismus und Leckerschmeckerei glaubte ich ja, schon viel gesehen zu haben. Aber eine Samenbank hatte ich noch nie besucht – jetzt stehe ich mittendrin! Wir befinden uns im Privatgarten von Heinz Niehaus, den Mario »meinen Tomatenberater« nennt. Auf diesem Grundstück reiht sich Hochbeet an Hochbeet, einige sind mit Plastikplanen zum Gewächshaus ausgebaut und kaum zwei gleiche Pflanzen oder Pflanzensorten stehen hier nebeneinander.

Bei geschätzt der Hälfte handelt es sich um Tomaten, hier wachsen aber auch Paprika, Chilis, Auberginen, Thaibasilikum und noch vieles mehr. Dieser Mann muss ein rechter Spezialist sein.

Des Küchenmeisters Tomatenberater

Mit 71 Lebensjahren verfügt Heinz Niehaus tatsächlich über viel Erfahrung, aber in Sachen Gärtnern im Allgemeinen und Tomaten im Speziellen ist er erst seit einigen Jahren unterwegs. Der Herr ist gelernter Dreher und hat sich Garten und Lebensunterhalt mit dem Handel von Autos und Küchenmöbeln verdient. Bis 2008, so des Küchenmeisters Tomatenberater, habe er »keinen Garten und von Tuten und Blasen keine Ahnung« gehabt. Wie Tuten und Blasen den Pflanzen jetzt hilft, verrät er nicht. Was in den vergangenen Jahren passiert ist, erzählt er auch nicht so genau. Das Ergebnis zeugt von unglaublicher Akribie, extrem viel Energie, großem Zeitaufwand und einem Überschuss an Jäger-und-Sammler-Genen, mit denen sich Heinz Niehaus unglaubliches Wissen erarbeitet hat. 40 bis 50 verschiedene Sorten könne er inzwischen einfach am Erscheinungsbild auseinanderhalten, sagt er, von 500 verschiedenen Tomatensorten habe er Samen archiviert. Aus diesem Holz dürften wohl außer Niehaus nur noch Menschen geschnitzt sein, die in Quizsendungen für einen Abend berühmt werden. Heinz Niehaus jedenfalls wäre der sichere Gewinner jeder Tomatenwette.

Die Tomatensammlung hat für Heinz Niehaus sogar eine politische Komponente: Der Erhalt so vieler alter Sorten setze ein Zeichen gegen das, was er die »Samenmafia« nennt. Große Konzerne lieferten das Saatgut an Gemüsegroßbauern und bestimmten mit ihrer begrenzten Auswahl, was denn so auf den Markt komme. Am Ende siege immer das lukrativere Geschäft. Da seien Einzelkämpfer wie er so etwas wie Widerstandskämpfer, denn sie erhielten eine Vielfalt, die wirtschaftlich nicht mehr erwünscht sei. Am Ende bin ich überzeugt: Es ist kein Zufall, dass die meisten Tomaten rot bis dunkelrot sind!

Der Chili-Experte

Mit einem Blick, als könne er keiner Gemüsefliege etwas zuleide tun, zeigt mir Niehaus verschiedene Chilipflanzen. Die »Persische Schwarze« sei *richtig* scharf, wie die »Habanero«, Schärfe 10. Für Normalmenschen ist das so etwas wie Körperverletzung – Heinz Niehaus offenbart schonungslos, was die harmlos aussehenden Pflanzen so alles anrichten können. Und weil er auch auf dem Gebiet keine Grenzen kennt, hat er gleich 80 verschiedene Chilisorten im Angebot. Daraus stellt er eine eigene Chilimischung her und verkauft sie in kleinen Mengen. Mario Kalweit schätzt Geschmack und Zuverlässigkeit des Schärfegrades, denn in seiner Restaurantküche wäre jeder Hauch von zu viel Schärfe reines Gift. Nichts wird von Kunden der Top-Gastronomie weniger geduldet als »sportlich abgeschmeckte« Gerichte, also auch ein liberaler Umgang mit Chiliprodukten. Wenn überhaupt, dann nur nach ausdrücklicher Warnung und beispielsweise in Kombination mit Schokolade. Wenn Mario Kalweit seine alte Heimat am Niederrhein besucht, fährt er immer auch zu Heinz Niehaus. Dann ist Mario nicht mehr der Meisterkoch, sondern der Tomatenzüchterlehrling. Von hier bezieht er sein Fachwissen, Samen, Setzlinge oder Pflanzen, hier tauschen zwei Männer Erfahrungen über ihre Leidenschaft, die Tomaten, aus. Heinz Niehaus ist dabei kein Fanatiker, er hat keine Tomaten auf den Augen. Er ist der Noah der Tomatensorten, eben der Tomaten-Samenbänker!

Der Gemüsedealer

Über 30 Tomatensorten von knallgelb bis blaurot gibt es hier, das Stück mit einem Gewicht von 20 Gramm bis zu 400 Gramm. Noch extremer ist die Spannweite der rein äußerlichen Unterschiede bei den Gurken: Allein die Vielfalt der Größen verblüfft, sie reicht von Olivengröße bis zu der eines Unterarms. Wir besuchen zusammen den Gemüsehof von Thomas Wegener. – Er selbst nennt es eine »Gemüse-Manufaktur«. Das ist durchaus wichtig und wörtlich zu nehmen, denn hier ernten keine Maschinen.

Alles wird als Biogemüse an- und ausgebaut, das sieht, so der Patron, dann auch nicht immer aus wie im Bilderbuch. »Manufaktur« bedeutet hier wirklich Handarbeit. Angefangen hat alles mit dem Anbau für den eigenen Genuss, dann für den der Freunde, für noch mehr Freunde, für Freunde von Freunden … kurz: Die Produktion wuchs fast schneller als das Gemüse, um das es ging. Gewächshäuser und gärtnerische Erfahrung waren reichlich vorhanden, denn Wegener hatte die väterliche Rosenzucht übernommen und weitergeführt. Für Rosen gab es schon deutlich rosigere Zeiten. Für solche Luxusgüter ordentliche Preise zu erzielen war einmal. In diesem Bereich ist die Exklusivität ein wenig verduftet. Der größte Teil der Ware auf den Großmärkten kommt heute billiger aus Afrika. Mit der Bordkarte ins Discounterregal gereist lauert die Durchschnittsrose neben dem Waschmittel als Mitnahmeartikel in Kassennähe. Kein Wunder, dass aus dem Rosenkavalier ein Speeddater geworden ist. »Paloma«, »First Lady« oder »Bandleader« heißen einige der seltenen Rosensorten, die Wegener noch anbaut, aber der frühere Beruf ist zum Hobby geworden und umgekehrt.

Alte Sorten mit viel Aroma

Aus dem alten Leben übernommen hat Thomas Wegener die Liebe zur Sortenvielfalt. Ob die Zitronengurke (weil sie so schmeckt), die Olivengurke (weil sie so aussieht), die braune oder die weiße Schmorgurke (weil sie besonders für diese Art der Zubereitung taugt): Die Sortenvielfalt in derartigen Betrieben ließ Mario Kalweit auch hier zum treuen Kunden werden. Ihn interessieren die alten Sorten, die kaum noch in den Läden zu finden sind. Sorten, die über Jahrhunderte gezüchtet und entwickelt wurden, weil sie einfach besser schmecken als die, die in den Laboren großer Konzerne biologisch optimiert wurden, damit sie einfacher produzierbar, haltbarer und in ihrer Geschmacksarmut auch massentauglicher sind. Ein Hauch von Nichts in der Mode sieht vielleicht lecker

aus, beim Essen schmeckt er überall ähnlich und gewährleistet stabile, aber leider eben niedrige Standards.

Voller Geschmack, prima Biss

Für die gute Küche ist das Gegenteil gefragt: hochwertiges, aber nicht standardisiertes Gemüse, das allerdings nicht jederzeit verfügbar ist, sondern eben dann, wenn die Natur es hergibt. Der besondere Kick für Mario ist die Nachbarschaft zum Betrieb: Sämtliches Gemüse wird für ihn frisch gepflückt und diese Frische garantiert vollen Geschmack und einen prima Biss. Das ist auch wichtig für alle Liebhaber der südländischen Küche: Der Dortmund-Ems-Kanal ist nicht das Mittelmeer, Lünen-Brambauer nicht das Provence-Dorf Roussillon und nördlich von Dortmund scheint die Sonne zugegebenermaßen anders als nördlich von Nizza. Die Lampen im Gewächshaus von Thomas Wegener können die Sonne der Provence zwar nicht ersetzen, aber ein frisches Ochsenherztomätchen mit 400 Gramm Fruchtfleisch aus der Gewächshaussonne von Brambauer schlägt ein Original-Cœur-de-Bœuf mit mindestens 1200 Kilometern Laufleistung und entsprechender Lagerung immer. Kleiner Tipp für alle, die jetzt hinterher sagen können, sie hätten es vorher schon gewusst: Leckere Tomaten gehören weder in den Kühlschrank noch in Marios Kühlhaus. Der hält sich auf der Terrasse übrigens ein kleines Gewächshaus: für die frischeste aller Reserven, die man sich denken kann!

Der mit dem Schwein tanzt

Wir sehen: Holzschuhe wie aus dem Heimatkundemuseum, sie stehen im Matsch. Daneben liegt ein Berg von Haaren, der in einer dunkelbraunen Schweineschnauze mündet. In den Holzschuhen steckt ein Mann Anfang 50, struppig und freundlich. Maarten Jansen ist ein richtiger Bauer: Bauer aus Neigung, aus Erfahrung und mit Ausbildung. Er hat schon Tiere großgezogen, da war er selber noch nicht ausgewachsen.

Das Diplom als biologischer Landwirt hat er in seiner holländischen Heimat erworben. Aber das Gelernte hat er nicht einfach 1 : 1 nach Wünschen der Ökokundschaft und EU-Richtlinien umgesetzt, weil es gerade das Lukrativste war. Jansen hat nach dem perfekten Schwein gesucht und immer weiter experimentiert. Einfach alles wie immer, nur in Bio? Das war nichts, denn: »Die andere Tierhaltung hat sich auf den Fleischgeschmack kaum ausgewirkt.« Doch als Ergebnis wollte er den besonderen Geschmack, leckere Schweine sollten es sein, schweineleckere!

Ihm wurde klar, dass die Fleischqualität nicht höher sein kann als die des verwendeten Futters. Also testete er verschiedene Arten der Fütterung. Aber die in Westeuropa gängigen überzüchteten Kotelettlieferanten mutierten nicht zu eichelsuchenden Waldschweinen, sie waren der neuen alten Ernährung nicht gewachsen. Die Spanier machen es vor mit ihren Ibérico-Edelschweinen mit den schwarzen Füßchen. Doch die sonnenverwöhnten Kreaturen der Halbinsel pflegen ihre Lebensart bei einer deutlich höheren Jahresdurchschnittstemperatur. Mediterranes Leben verträgt sich aber nun mal nicht mit deutsch-holländischen Wintertemperaturen. Jansen probierte es mit alten Schweinerassen aus kälteren Gebieten wie Österreich, Ungarn, Rumänien – und das Mangalitza-Wollschwein wurde zu seinem Glücksschwein: »Ich habe 35 Jahre (Der Mann ist erst 51!) mit verschiedenen Rassen experimentiert. Die Mangalitza-Schweine können am besten Rohfutter in gutes Fleisch umsetzen. Am liebsten suchen sie im oberen Waldboden nach Futter.« Dazu spendiert der Schweinevater Gemüse: »Tomaten essen sie am liebsten frisch, Kohl eher vergoren.« Und: »Ähnliche Schweine sind schon auf ägyptischen Zeichnungen zu sehen, zu der Zeit galten Schweine noch nicht als unrein.« Sollten genau diese Schweine tatsächlich vom Nil an die Donau gewandert sein, haben sie sich vielleicht auf der Reise einen Pelzmantel zugelegt. Ihr langes Fell macht sie zu richtigen Hippies der Tierwelt: lange lockige Haare versetzt mit Schlamm wie auf den Schlammwiesen von Woodstock!

Zeit für Schwein

Gut Schink' will Weile haben und das gilt bei Maarten Jansen erst recht. Kommen in seinen Ställen Ferkel zur Welt, haben diese im Schnitt viermal so viel Platz wie Ferkel in anderen Ställen. Die kleinen Mangalitzchen sehen übrigens aus wie Frischlinge, zumindest ähneln sie ihren wilden Vettern und Cousinen mehr als den Brüdern und Schwestern hinter den eisernen Vorhängen der konventionellen Fleischindustrie. Zum Großwerden dürfen sie wie Münchner Touristen auf die Wiesn – manche ihrer Artgenossen sehen Tageslicht nur auf dem Weg zum Schlachthof. Dorthin müssen die Tiere bei Jansen auch, der Chef fährt sie aber persönlich und – der Betrieb ist nicht groß – oft sogar einzeln. Bis zu diesem Tag aber sind 15 Monate ins Land gegangen. Nerven, Knochen, Fleisch und die besondere Speckschicht entwickeln sich nach und nach und das in Ruhe. *Die* Zeit muss man Schwein und Fleisch schon lassen.

Ist das Schwein geschlachtet, hängt der Schinken mindestens noch zwei Jahre ab. Jansen verkauft sämtliche Fleischstücke überwiegend als Rohware an den Gourmet-Großhandel. Daneben produziert er selber Schinken, Lardo, Salami, Kohlwürste und mehr. Das alles zelebriert er regelrecht, da bekommt der westfälische Ausdruck »Schweinepriester« gleich eine ganz andere Bedeutung. Mario Kalweit bleibt mit seiner Wertschätzung im Bild: »Was der Maarten macht, schmeckt göttlich.«

Der Platzhirsch

180 Hirsche laufen bei Siggi Kunde durch die Gehege, nebenan bei den Wildschweinen sind noch einmal 40 Tiere. »Wild« ist der Oberbegriff sowohl für die Tiere, die hier zwischen Bocholt und der holländischen Grenze gezüchtet werden, als auch für ihr Fleisch. Das wahre Urviech aber ist der Chef selber. Was Siggi nicht schon alles gemacht hat! Man kann sich diesen Mann bei allem Möglichen vorstellen, nur nicht beim Faulenzen oder beim Meditieren.

Wir treffen ihn auf seinem Hof, als Erstes zeigt er mir seine selbst gebastelten Grillwagen. Mit denen bereist er Märkte, man kann sie auch mieten und im Grunde erzählen die Wagen schon alles über diesen ungewöhnlichen Menschen. Gelernt hat er nämlich Fahrzeugbauer. Bauer ist er geblieben, aber mit den Fahrzeugen hat hauptsächlich noch sein Sohn zu tun. Siggi hat bei der Hochzeit mit dem Familienstand gleich das Projekt gewechselt: Er hat sich nicht nur für die Tochter seines jetzigen Schwiegervaters interessiert, sondern auch für dessen Damwildzucht, und das ist jetzt knapp 40 Jahre her. Inzwischen ist Siggi Wildzüchter, Jäger, Schlachter, Gastronom, Markthändler und immer noch ein kleines bisschen Fahrzeugbauer. Früher war der Hof größer, bis zu 400 Tiere hat er hier jedes Jahr gezüchtet, groß gezogen und verarbeitet, heute ist es die Hälfte. Auch wenn die Tiere nicht aus dem Wald, sondern von der Weide kommen – Siggi Kunde, durch und durch Jäger, schießt seine Hirsche klassisch und hält sich an die Vorgabe der Jagdsaison: Das Frühjahr ist Schonzeit. Außerdem liebt das Publikum bei »daheim+unterwegs« und im Kalweit'schen Restaurant sein Wild nur von Herbst bis Januar. Die Verfügbarkeit von Fleisch aus dem Ausland das gesamte Jahr über ändert daran nichts.

Der Hoflieferant

Gegen die billigeren Hirschkeulen und Rehrücken oder Wildschweine aus Neuseeland kommt Siggi Kunde nicht an und will es auch gar nicht. Siggi Kunde lässt seine Tiere eineinhalb Jahre reifen, bietet eine ordentliche Qualität und nimmt dafür angemessenes Geld. Zumindest hält *er* die Preise für angemessen und seine Kunden zahlen sie schließlich freiwillig. Unter diesen Kunden findet sich alles, was im Umkreis von 100 Kilometern Rang und Michelin-Sterne hat, Namen werden nicht genannt. Mario und Siggi kennen sich seit gefühlten 100 Jahren, aus der Zeit, da sich beide noch jung und schön fühlten, genauer: 25 Jahre lang, mehr als ein halbes Kochleben. Die Bekanntschaft begann, da war Mario selbst noch Niederrheiner, und sie hielt während Marios Stationen von Essen bis Dortmund. Siggis Hirsche wurden auch in Marios Küchen erst bestaunt und dann besternt. Mario sagt: »Ich war früher oft bei Siggi. Ich habe ihn beim Betäuben von Hirschen begleitet, war mit ihm angeln, auf der Jagd, auf Weihnachtsmärkten oder bei Treffen seiner Jagdhornbläser. Bei Siggi zu sein hatte stets etwas von einem Abenteuer. Er liefert mir sein Wild immer auf den Punkt gereift und es gibt für mich keine bessere Qualität in dem Bereich.« Sagt's und macht gleich die nächste Bestellung klar, denn Mario weiß genau, was er von Siggi bekommt. Das Fleisch kommt wie

geliefert direkt in die Pfanne, bei Siggi hat es vorher mindestens eine Woche im Kühlhaus gehangen. Um sein Fleisch selber weiterverarbeiten zu dürfen, hat er den Betrieb nach EU-Vorgaben umgebaut. Hauptsächlich sind es die Hirschrücken, aus denen Mario Steaks zubereitet. Die werden ausgelöst und gründlich so beschnitten, dass dem Restaurantgast nur das »Filet vom Filet« an die Gabel kommt. Ähnlich sieht es bei den Keulen aus, aus denen Sauerbraten oder Hirschgulasch werden. Über die Fleischabschnitte freut sich kein Kalweit-Köter schwanzwedelnd am Küchenausgang, sie kommen in die Tiefkühltruhe. Sind am Ende der Saison genug zusammengekommen, wird der Koch zum Metzger: Mario Kalweit stellt seine eigenen Würste und Pasteten her. P. S.: Ein Tier, das in Marios Nähe kommt, muss schon essbar sein!

Währenddessen fabuliert Siggi über seine nächste Idee, ein paar Meter weiter steht ein Gasthof leer, Wirt wäre mal wieder ein neuer – zusätzlicher – Beruf für ihn. Ob Mario ihm nicht vielleicht dabei ...? »Vergiss es, Junge!«, lautet die Antwort und das in einem Ton, wie er nur unter Männern herrscht, die sich sehr lange kennen. Eines soll Siggi Kunde ja schließlich bleiben: der Hoflieferant für Dam-, Schwarz- und Rotwild.

Fischzüge

»Nichts, was aus dem Wasser kommt, außer Ente« sagen Fischallergiker auf die Frage, was sie denn äßen. »Alles, was aus dem Wasser kommt, außer Ente« sagt Richard Deunk aus Achterhoek bei Winterswijk auf die Frage, was er denn so verkaufe. Der 43-Jährige ist Mario Kalweits Lieferant für Seefische und Meeresfrüchte aller Art. Deunk muss ein Überzeugungstäter sein, denn dem Niederländer war ein anderer Weg vorgezeichnet: Er kommt vom Land, hat Bauer gelernt, der Vater hielt Schweine und Milchvieh. 80 Prozent seiner Kunden kommen aus Deutschland.

Trotzdem hielt es Deunk zu Beginn seiner Karriere für eine gute Idee, in einer Gegend ohne Meer eine Aufzuchtanlage für Aale aufzubauen. Das ist ein kompliziertes Unternehmen, denn es reicht nicht, dass Herr und Frau Aal Vermehrungsmaßnahmen ergreifen. Die Aalsorte unserer Region, der Europäische Aal, wandert durch Flüsse bis ins nächste Meer und reist dann in die Sargassosee südlich der Bermudainseln zum Laichen. Nach dem Ablaichen sterben die Aale und die Reise der Jungtiere geht dann wieder quer über den Ozean und durch die Flüsse zurück. Einige Experten kennen die Stellen, an denen die jungen, noch transparenten Glasaale abgefangen werden können und Züchter wie Richard Deunk ziehen sie dann auf. Dummerweise avancierten Glasaale eine Zeit lang zum Modegericht der Sterneküche: lebend in die Pfanne gehauen und teuer verkauft. Es kam, wie der freie Markt es will: Das Produkt wird begehrt, es wird teurer, am Ende zu teuer und der Käufer steigt aus. Auch Richard Deunk wollte sich das irgendwann nicht mehr leisten und gab die Aalzucht dran.

Fisch international

Jetzt wachsen in seinen Becken Welse, die räuchert er und macht damit heute noch zehn Prozent seines Umsatzes. Die restlichen 90 Prozent werden durch sein neues Geschäft erwirtschaftet. Er liefert und verkauft Rotbarben und Seezungen aus Senegal, Seeteufel, Taschenkrebse, Langustinos, Jakobsmuscheln und Lachs aus Schottland, Hummer aus Kanada. Deunk ist ein typischer Händler der neuen Zeit: Er hat kein Lager und wenn, dann auf der Straße. Er kauft, verkauft und liefert. Deunk kauft überwiegend in Scheveningen – da hat er die Chance, Seefische vom gleichen Tag kaufen zu können. Das sollte im Fischhandel selbstverständlich sein, aber viele Fischer sind mehrere Tage am Stück auf See und liefern entsprechend ältere Ware. Für Mario Kalweit aber ist Frische ein ganz wichtiger Aspekt: So kauft sein Händler in Scheveningen auch Meeresfrüchte aus Schottland. Der schottische Händler bringt alle Meeresfrüchte lebend in Wassertanks auf den Markt – damit kann der holländische Hoflieferant das Getier in einer Frische anliefern, die ihresgleichen sucht, findet Mario: »Lebende Langostinos sind eine absolute Rarität und da hat mich Deunk noch nie enttäuscht.« Drei Lieferwagen verteilen dann die Ware bis nach Dortmund und darüber hinaus. Neben der Frisch- ist auch viel Exotenware dabei und so kommt die Hälfte der Ware tiefgekühlt daher. Der Koch macht so seine Beobachtungen: Frische Garnelen von ein und demselben Hersteller in identischer Verpackung schmecken vom holländischen Händler besser als von einem Deutschen! Sollte da in Holland etwa, wie aus Frankreich längst bekannt, das Beste an die Händler im eigenen Land gegangen sein …? Ein Schelmje, der solches denkt.

Fische sind teuer und tatsächlich noch teurer, da bei der Verarbeitung und beim Filetieren im Schnitt zwei Drittel als ungenießbar weggeworfen werden. Bei Pangasius, so Mario, müssten es sogar 100 Prozent sein, denn: »Keine Gräten, kein Geschmack – braucht kein Mensch!« Seinen Händler preist Mario als absolut zuverlässig und fair. »Wir kennen uns so gut«, sagt er, »dass ich nie verhandele. Ich zahle immer, was er verlangt.«

Der Binnenfischer

Frank Baumüller hat richtig nah am Wasser gebaut, so, wie es seine Vorfahren seit über 250 Jahren tun – und das mehr oder weniger immer an der gleichen Stelle. Sein Fischhof besteht aus verschiedenen Gebäuden verschiedener Epochen. Das erste Gebäude hat ein Vorfahre 1750 gebaut, der dem Kloster Scheda diente und von den Mönchen zwei Morgen Land zur Erbpacht überlassen bekommen hatte.

Den Kotten, eine Art Kleinsthof zur Selbstversorgung, musste er selbst errichten. Die Baumüllers mussten Erbpacht ans Kloster zahlen, bis es ihnen gelang sich frei zu kaufen. Land kam dazu, wurde abgestoßen und anderes gekauft, die Familie hatte ein Händchen dafür, aber bergauf ging es nur langsam. Noch Großvater Baumüller war Bauer. Erst in der folgenden Generation gelang es der Familie, sich auf das zu konzentrieren, was ihnen die einmalige Lage ihres Landes bot: die Nähe zum Wasser. Das Wasser ist nicht die Ruhr, wie man beim Standort Wickede annehmen könnte, die ist noch 20 Gehminuten entfernt. Das Wasser ist der ein klein bisschen weniger berühmte Strullbach. Der bringt das klarste Wasser weit und breit mit, ganz anders, als das sein Name glauben machen könnte. Geologisch hinge das damit zusammen, so Frank Baumüller, dass hier das Sauerländer Schiefergebirge auf den Haarstrang trifft ... wie auch immer: Das Wasser ist da, das Wasser ist klar und der Bach fließt durch die Forellenteiche von Frank Baumüller.

Qualität durch Nachhaltigkeit

Es ist nicht mehr ganz so wie zu der Zeit, in der sich die Familie hier ihren ersten Kotten baute und in der ein Herr Schub*a*rt textete und später ein Herr Schub*e*rt

komponierte: In einem Bächlein helle / da schoss in froher Eil / die launische Forelle / vorüber wie ein Pfeil ... Die Forellen schießen hier zwar hin und her, das aber in blitzsauberen Teichen. Diese Art der Zucht mutet schon fast anachronistisch an, denn eigentlich werden Forellen heutzutage in Zuchtbehältnissen, die Aquarien gleichen, industriell vermehrt. Das ist für Frank Baumüller keine Grundsatz- oder Ideologiefrage, er will schließlich auch Geld verdienen und seinen Betrieb gesund erhalten. Er hält diese Art der Forellenzucht schlicht und ergreifend für nachhaltig und das gilt auch für die Zucht von Saiblingen, Lachsforellen und Karpfen in den Außenteichen (zumindest zu den Jahreszeiten, in denen in Deutschland jemand an den Kauf von Karpfen denkt). Er schwört darauf, dass die Qualität der Fische im Teich einfach höher ist und diese Qualität hat Mario Kalweit überzeugt. Forellen auf Marios Speisekarte kommen vom Fischhof Baumüller, die Saiblinge auch. Punkt. Baumüller als Fischwirt des Vertrauens wird auch stets als Erster befragt, ob nicht gerade einmal andere Süßwasserfische angesagt seien.

Teich-World

Der Betrieb umfasst übrigens weit mehr als die Zucht: In der hauseigenen Räucherei werden auch zugekaufte Tiere verarbeitet und im Hofladen selbstgeräucherte Forellen, Lachsforellen, Stremellachse, Aale, Graved Lachs, kanadischer Wildlachs (Sockeye), Makrelen, Makrelenfilets, Heilbutt oder Butterfisch verkauft. Nach Anmeldung gibt's in der zum Betrieb gehörenden Fischstube auch ordentlich auf die Gabel. Frische ist garantiert, hier geht echten Fischfreunden freudig das Herz auf. Für carnivore Begleiter mit Fischallergie liegt im Erste-Hilfe-Kasten auch ein Steak bereit, aber besser, man meldet solche Extrawünsche gleich mit an. Frustrierte Angler, denen die Leere mancher deutscher Gewässer bereits Minderwertigkeitskomplexe beschert hat, können sich im angeschlossenen Fischpark selbst therapieren. Das Angeln in eigens dafür angelegten und bestellten Extrateichen kostet 15 Euro pro Tag und Angel, Anbiss inbegriffen, aber nicht garantiert. Eines aber findet man auf der ganzen Anlage, ja, im ganzen Betrieb nicht: Fisch*gestank*.

Der Tropfenfänger

Mit Olivenöl ist es ähnlich wie mit einer Religion: Wer damit nicht viel am Hut hat, steht staunend außen vor und fragt sich: Was soll der ganze Firlefanz? Was finden die Leute daran und warum treiben sie einen so irrational wirkenden Aufwand? Wer sich einmal dem Olivenöl geöffnet hat, dem erschließen sich Welten, der verkostet wie ein Weinfreund, unterscheidet verschiedenste Sorten, entdeckt riesige Qualitätsunterschiede und fordert für die Herstellung aufwendigste Rituale.

Das Öl auf Marios Tischen stammt von einem Amateur. Marc Mansen verdient sein Geld normalerweise als Anlageberater. Sein Vater stammt aus Sizilien und daher kommt Mansens besonderes Verhältnis zu den dortigen Ölen. Als »Ölbaron« hat Mansen einmal allein zur Selbstversorgung angefangen. Inzwischen ist die Produktion für ihn ein intensives Hobby, für seine Frau ein Fulltime-Job, in den die beiden Kinder schon als Helfer hineinwachsen.

Persönliche Kontrolle sichert Qualität

Für die Gewinnung eines hervorragenden Olivenöls sind wie beim Wein neben der Qualität der Frucht die Lage des Anbaugebiets, die Bodenbeschaffenheit, die Sonnenmenge und weitere klimatische Umstände entscheidend. Vor allem aber die Pressung: Man darf das Öl eben nicht einfach »erpressen«. Olivenöl gibt es im Großen und Ganzen in drei Qualitätsstufen: das bei der Pressung erhitzte Olivenöl ohne Prädikat, das kalt gepresste native Olivenöl und das ebenfalls kalt gepresste »extra vergine«, das besonders »jungfräuliche« Öl der ersten Pressung. Es sollte das beste sein und das ist es oft auch. Bisweilen sind allerdings Zweifel an Flascheninhalten angebracht. Szenekenner wie Mansen sind der Auffassung, es werde weitaus mehr Öl derartiger Herkunft verkauft, als überhaupt hergestellt werden könne.

Vorsicht ist also angebracht und so setzt Mansen auch bei seinen ältesten Lieferanten, den vertrauensvollsten Partnern in Sizilien und den engsten Freunden unter den Bauern immer noch auf persönliche Kontrolle – für die Öle aus dem Hause Mansen wird in jeder Hinsicht noch einmal mindestens einer draufgesetzt. Bei der Ernte fängt es an: Gemeinhin werden die Bäume bei der Ernte mit Maschinen geschüttelt und die Früchte aus aufgespannten Netzen gesammelt oder die Oliven werden mit einer Art Staubsauger von den Bäumen gesaugt. Die Mansensche Oliven-High-Society hingegen wird von frei laufenden Erntehelfern mit der Hand gepflückt und verlesen. Gepflückt wird, solange die Oliven noch grün sind, tatsächlich unreife Früchte aber bleiben hängen. Die Ernte wird gewaschen und dann mit Fleisch und Stein gemahlen, denn in diesem Mus steckt das Öl. Und es steckt in erster Linie im Stein, von daher werden zur Gewinnung von Olivenöl auch nicht die fleischigen Sorten angebaut, sondern eher schrumpelig erscheinende Sorten mit großem Stein.

Edelstes Tropföl

Um den edelsten Anteil des Öls abzuschöpfen, um es als Eliteöl vermarkten zu können, wird das Olivenmus noch vor der ersten Pressung drei bis vier Stunden auf ein Sieb gelegt. Nur das Öl, das durch das Eigengewicht der Masse abtropft, schafft den Weg in Mansens Edelproduktion. Damit niemand auch nur auf die Idee kommt zu schummeln, das grüne Flüssiggold zu strecken und mit billigeren Qualitäten zu verlängern, reisen der Patron oder seine Frau eigens an, um das Gewinnungsritual zu begleiten. Anfangs ist das Öl tief dunkelgrün und wird erst durch die erste Filterung heller. Fünf Monate muss es dann noch in dunklen Tanks lagern, bis es in dunkle Flaschen zum Schutz gegen Licht und damit gegen Trübung und Aromaverlust abgefüllt wird.

Im Gegensatz zu den Religionen lässt sich beim Olivenöl durch einfaches Verkosten erfahren, was man davon hat. Für Mario jedenfalls ist das Tropföl aus dem Hause Mansen das leckerste. Er verwendet es mit Bedacht in ganz besonderen Gerichten und serviert es seinen Gästen auch zum selbst gebackenen Brot.

Der Saftladen

Williams Christ, Morellenfeuer, Dornfelder, Riesling, Scheurebe und Portugieser: Namen wie ein Rausch, aber genau ohne eben diesen. So heißen Flüssiggenussmittel aus dem Sortiment der Privatkelterei van Nahmen in Hamminkeln am Niederrhein. Sie werden aufwendig hergestellt, sollten stilvoll serviert werden – und enthalten keinen Tropfen Alkohol.

Begonnen hatte der Urgroßvater des heutigen Firmeninhabers im Jahre 1917 mit einer rheinischen Apfelkrautfabrik, 1930 wurde das van Nahmensche Geschäft saftig. Heute werden also bereits in der vierten Generation Säfte hergestellt, bei denen schon die Frucht inklusive Anbaugebiet und Verarbeitung alles andere als ein Zufallsprodukt ist. Ein deutscher Durchschnittsapfelsaft stammt, man mag es kaum glauben, größtenteils aus chinesischen Importen: Massenweise werden in der Volksrepublik China Äpfel angebaut, die maschinell geerntet und in Großfabriken zu Konzentrat verdichtet werden, damit das Ticket für die Schiffsreise nicht zu teuer wird. In Europa wird die Brühe dann wieder mit Wasser angereichert und so verkauft, als sei sie immer Saft gewesen und nicht zwischendurch ein Laborelaborat. Gemeinsam haben Saft als sortenreines Naturprodukt und Genussmittel einerseits und Massenwarensaft andererseits eigentlich nur die Bezeichnung »Saft« und den Umstand, dass eine Frucht einmal der Ausgangspunkt war. Alles steht und fällt mit der Auswahl des richtigen Produkts. 1500 Apfelsorten kennt die Wissenschaft, 45 verschiedene Apfelsorten verarbeitet van Nahmen. Die Stars seines Sortiments heißen zum Beispiel Kaiser Wilhelm, Elstar, Rubinette, Topaz oder Purpurner Spartan, eine fast ausgestorbene Sorte, die mit Hilfe des Betriebes gerade rekultiviert wird. Die Äpfel baut die Kelterei nur zum geringsten Teil selber an, sondern kauft das Obst von den Bauern am Niederrhein oder aus dem benachbarten Münsterland. Jeder Betrieb, im Grunde jede einzelne Wiese hat ihre Eigenheiten. Van Nahmen weiß, welcher Großbetrieb oder einfach nur welcher größere Garten verlässlich beste Sorten liefert, die höchste Qualitätsansprüche erfüllen. Ökologische Standards sind Grundvoraussetzung und nicht verhandelbar.

Abwarten und Äpfel sammeln

Dann wären da die Erntemethoden: Der frühe Vogel mag wohl den Wurm fangen, aber hier ist der späte Apfel gefragt – und das möglichst ohne Wurm. Ein wenig esoterisch klingt es zunächst, wenn Peter van Nahmen sagt: »Der Baum entscheidet selber, wann die Frucht reif ist.« Die besten Äpfel, so van Nahmen, sind nämlich die, die gerade selber vom Baum gefallen sind, am liebsten weich gefallen und ohne Druckstellen, aber eben von selber. Optimal ist die Frucht, wenn sie den höchsten Fruchtzuckergehalt hat, der Baum ihr nichts mehr geben kann und sie einfach fallen lässt. Nimmt ein Obstbauer das ernst und versucht, nach diesen Kriterien das Beste aus seinem Obst zu machen, muss er Netze unter den Bäumen spannen ... und warten. Es dauert ein wenig, aber am Ende muss nur noch eingesammelt statt gepflückt werden. Ganz pragmatischer Geschäftsmann zahlt van Nahmen den Bauern für spät geerntetes und damit höherwertiges Obst einfach mehr Geld. Man kennt sich gegenseitig lange genug um zu wissen, dass man sich bei diesem Geschäft vertrauen kann.

Ob Wein oder Saft: Je höherwertig das Getränk, desto höher ist sein Fruchtzuckergehalt, desto mehr kann zu Alkohol vergären oder eben als natürliche Restsüße im Getränk verbleiben. Wie beim Wein lässt sich auch bei einem guten Saft der Fruchtzuckergehalt mittels »Öchslegraden« bestimmen. Und das ist nicht der schwäbische Begriff für einen frisch kastrierter Jungbullen, sondern eine Maßeinheit für das Mostgewicht der Traube, ein Kriterium für das Potential von Wein und eben auch von Saft. Der Fruchtzuckergehalt des Apfels entscheidet, ob der Saft edel oder ungenießbar ist. Sauer allein macht also ganz sicher nicht immer lustig, im Gegenteil, jede Apfelsorte hat ihre eigene Idealbalance zwischen Säure und Fruchtzucker. Ein Jahr sollte jeder Saft mindestens in der Flasche halten. Dafür wird jeder Tropfen noch pasteurisiert, das heißt, für eine halbe Minute auf über 82 °C erhitzt.

Bewahrer der Vielfalt

Im Grunde gilt ähnliches für Birnen, Kirschen, Schwarze Johannisbeeren, Trauben, Holunder, Rhabarber und anderes Obst. Auch Ananas, Maracuja, Orange, Banane und Grapefruit werden bei van Nahmen versaftet, aber da Apfelsinen und Pampelmusen vom Niederrhein bei Kennern keinen guten Ruf genießen, werden die Obstexoten aus fernen Ländern herangeschafft. Ihre besondere Leistungsstärke beweist das Haus van Nahmen aber mit der Saftproduktion aus heimischen Früchten.

Spezialanbieter wie van Nahmen sind heute Ausnahmeerscheinungen, sie sind Bewahrer der Sorten, Arten- und Geschmacksvielfalt. Betriebe wie van Nahmen und auch »ihre« Bauern sind Vorreiter der Ökologie. Das zum Beispiel bevorzugte Obst von Streuobstwiesen ist zwar oft nicht schön, aber geschmacklich am intensivsten. Am Ende steht ein edler Saft in einer Bordeauxflasche auf dem Tisch, zum Preise einer solchen, hergestellt mit ähnlichem Aufwand und von vergleichbar einzigartigem Geschmack. Ein paar dieser Säfte stehen im Restaurant von Mario Kalweit auf der Karte, andere wiederum in der Küche und werden dort zu Desserts und Saucen verarbeitet, genau wie die alkoholischen Schwestern und Brüder von Riesling, Williams und ... und ... und ...

In Sachen Bier 'ne echte Überschrift: Dortmund

Für die Älteren galt das als Selbstverständlichkeit: Fünf Millionen Badewannen voll Bier wurden in Dortmund, der nach Produktionsvolumen nach Milwaukee zweitgrößten Bierstadt der Welt, einst Jahr für Jahr gebraut. Geblieben ist wenig, alle sieben Großmarken gären heute in den Kesseln der früheren Dortmunder Actien-Brauerei. Alle gehören der »Radeberger Gruppe« und die heißt eigentlich auch nur so, weil sich unter dem Namen »Dr. Oetker« deutsches Bier schlecht vermarkten lässt.

… aber es gibt das »Asterixdorf« in der Dortmunder Bierszene, eine *Dortmunder* Marke eines *Dortmunder* Unternehmens, das (teilweise, demnächst ganz) in *Dortmund* gebraut wird. Nicht billig, aber speziell, klein und fein und darum der passende Partner für Mario Kalweits Restaurant. Für Thomas Raphael, Gründer und Geschäftsführer der Bergmann Brauerei, hatte die ganze Sache eher als Freizeitspaß begonnen. Der Mikrobiologe, der sein »Pils« bis dahin eh schon in der Lebensmittelindustrie verdiente, hatte in einer Datenbank für Markenrechte zufällig entdeckt, dass die Markenrechte am Dortmunder Bergmann Bier von der Ritter-Brauerei aufgegeben worden waren. Diese Rechte erwarb Raphael schnell und entwickelte das, was man, ginge es denn nicht gerade um Bier, als seine »Schnapsidee« bezeichnen könnte. Die Bergmann Brauerei hatte von 1796 bis 1972 in Dortmund existiert; ihr Name spiegelt leider nicht, es wäre zu schön gewesen, die tiefe Verbundenheit der typischen Ruhrgebiets-Kundschaft zum ihr bestimmten Getränk wider, sondern ist schlichtweg der der Gründerfamilie. Immerhin, die Geschichte war so frisch, dass Raphael noch alte Mitarbeiter auftreiben und sprechen konnte. Es wurden ein paar Freunde begeistert, ein Rezept rekonstruiert, bei einer kleinen Brauerei ein Auftrag platziert und so standen Raphael und Freunde auf einmal mit 6000 Litern Bier da.

Dann wurde es bierernst …

Aus Spaß wurde Ernst und dieser Ernst ist inzwischen sieben Jahre alt. Sieben Jahre, in denen ein Unternehmen wuchs, sieben Jahre, an deren Beginn Mund-zu-Mund-Propaganda und an deren Höhepunkt bis zu 120 Händler stehen. Sieben Jahre, in denen der Chef höchstselbst das Bierbrauen erlernte, sieben Jahre, in denen Dortmund eine neue Kultmarke bekam.

Für Bergmann Bier wird keine Werbung geschaltet und Bergmann Bier gibt's auch nie im Angebot, ganz im Gegenteil. Die Krönung des Sortiments ist das ADAMBIER, ein Bier, das in 0,75-Liter-Flaschen, in limitierter Auflage und zu einem Preis daherkommt wie ein guter Wein. Dass dieses Bier exzellent schmeckt, muss nicht extra erwähnt werden, wohl aber, dass es dank seiner Exklusivität auch in feineren Dortmunder Kreisen (ja, die gibt's wirklich!) gern verschenkt und es durch einen Platz auf der Karte von Mario Kalweit geadelt wird. Jawoll, es gibt in Dortmund noch einen Bergmann und ein Bier! Und das ist allemal 'ne Überschrift wert.

Der Traubenmensch

Der Dealer ist ein netter Kerl und heißt Arnd Schulz. Das klingt beides ein bisschen beliebig, ist es aber nicht unbedingt. Denn das »Netter-Kerl-Sein« zum Beispiel ist eher selten und überhaupt nicht selbstverständlich unter Leuten, die etwas verkaufen wollen: unter stromlinienförmigen Vertretern oder Zwischenhändlern, die im Zweifelsfall der eigenen Mutter ihre Ladenhüter andrehen oder unter Verkäufern, die den letzten Mist so lange anpreisen, bis sie ihren eigenen Lügen glauben.

Solche Verkäufer haben immer einen schmierigen Herrenwitz auf Lager und reden dem Gegenüber nach dem Mund. Also »netter Kerl« ist unter Verkäufern schon etwas Besonderes.

Der gute Mario leistet sich den Luxus, nur bei netten Kerlen zu kaufen und sagt: »Wenn ich einen nicht leiden kann, dann mache ich das nicht, dann kaufe ich woanders.« Wer sich solches Gebaren im Geschäftsleben leisten kann, kann kein unglücklicher Mensch sein. Wer es anders machte, wäre aber auch kein glaubwürdiger Vertreter des Genusses, der Mario sowohl als Fernsehkoch als auch als gehobener Restaurateur ist. Mario Kalweit kauft seinen Wein und seinen Champagner nicht ausschließlich bei Arnd Schulz – ihn haben wir stellvertretend für alle Wein-Lieferanten besucht.

Arnd Schulz und Mario Kalweit sind alte Bekannte. Schulz hat nach dem Abitur Hotelfach gelernt, richtig von Grund auf, von Bettenmachen bis Restaurant, von Rezeption bis Bar und Weinkeller. Das habe ihn abgeklärt gemacht, erzählt er. Eigentlich wollte er in Richtung Hotelmanagement gehen, aber vor der Beförderung zum Direktor stand noch der Abbruch eines Wirtschaftsstudiums. Auch gelernte Kellner heißen heutzutage »Servicekräfte« und als solcher war Arnd an belebten Wochenenden im damaligen »Art Manger« tätig. Sein Chef war ein gewisser Mario Kalweit.

In einem anderen, einem Szenelokal, hatte Arnd Schulz auch Stück für Stück die Feinheiten des Weineinkaufs kennengelernt und sich immer mehr dafür begeistert. Das Maß der Begeisterung für Hotellerie

und Gastronomie nahm in dem Maß ab, in dem es für den Weineinkauf stieg: Arnd Schulz fasste den Entschluss, in der Bierstadt Dortmund einen Weinhandel zu eröffnen – nicht den einzigen, aber in der richtigen Gegend, und so gibt es ihn noch heute. Angefangen hat Schulz in einem kleinen Ladenlokal mit günstigeren Weinen. »Wir haben Arnd als Mitarbeiter wirklich gemocht und so haben wir von Anfang an auch bei ihm gekauft. Erst hatte er eher günstige Weine, da passte nur manches zu unserem Angebot, aber seitdem er vor acht Jahren in größere Räumlichkeiten gezogen ist, findet Susanne (Marios Frau Susanne Thoenes ist für die Weine zuständig) bei Arnd Schulz immer öfter richtig schöne Sachen«, so Mario Kalweit.

Sortiment mit Charakter

Ein Großhändler für portugiesische Weine war der Auslöser für die Erweiterung des Repertoires. Damit hat sich Schulz richtig an den Wein herangearbeitet und seine Auswahl portugiesischer Weine ist immer noch riesig. Dazugekommen ist eine große Auswahl spanischer Weine, ein bisschen Frankreich und inzwischen gaaanz viel Deutschland: »An verschiedenen Rieslingen habe ich wahrscheinlich zu viel im Laden, zumindest deutlich mehr, als geschäftlich sinnvoll ist.« Sein Geschäftsprinzip hat er ganz massiv geändert. Mit Großhändlern hat er nichts mehr zu tun. Arnd Schulz bereist Messen, probiert, verhandelt und kauft direkt bei den Winzern. Zum einen kann er auf diese Art und Weise ein besseres Preis-Leistungs-Verhältnis anbieten, zum anderen bekommt das Sortiment so einen ganz persönlichen Stil. Die 300 bis 500 Weine in seinem Angebot hat er zwar nicht so genau gezählt, aber erzählen kann er zu jeder einzelnen Flasche etwas, schließlich hat er jede Sorte selber probiert und ins Sortiment genommen. Und da auch Mario gerne über Weine spricht, haben sich die beiden immer etwas zu erzählen, egal, ob Arnd Schulz als Gast in Marios Restaurant kommt oder Mario Kalweit und Susanne Thoenes als Käufer zum »Cabernet & Co.« kommen.

Hans Mampf mit vollen Kassen

Ralf Bos: Ein Mann besorgt es allen! Kaum ein besterntes Restaurant in dieser Republik, das nicht auf seiner Kundenliste steht. Aber auch keine Privatbestellung ist zu klein, um nicht korrekt abgewickelt zu werden – lediglich bei einer Order unter 50 Euro kostet der Versand extra. So oder so: Bis 17 Uhr bestellt, kommt das Paket am nächsten Tag. Dieser Mann nimmt für sich in Anspruch, alles, was im kulinarischen Bereich irgendwo zu kaufen sei, liefern zu können.

Im Augenblick ist er auf dem Höhepunkt seiner Marktmacht, es gibt wenige, die ihm das Kirsch- oder Orangenblütenwasser reichen können. Große Gastronomiezulieferer gibt es viele, seien es RUNGIS express (Name und Vergangenheit glänzen mehr als die Gegenwart), der Münchner (PR-)Spezialist Käfer, die Profiabteilung von REWE oder die Oetker-Tochter »FrischeParadies« – Wirte und Köche haben die Auswahl. Aber spätestens, wenn die Anfrage zu speziell ist oder es bei großen Zulieferern zeitlich eng wird, bestellen sie in Meerbusch. Viel weiter als Ralf Bos kann man es als Familienunternehmer in diesem Gewerbe kaum bringen, darauf achten schon die Konzerne, vielleicht ist er ihnen jetzt schon zu groß. 170 Angestellte inklusive dreier Bos-Töchter wickeln jeden Tag um die 1000 Bestellungen ab. Von Auftragseingang bis Kommissionierung sollen nur 15 Minuten vergehen, so lautet die Vorgabe.

Bos lässt es sich nicht nehmen, uns sein Unternehmen persönlich zu zeigen. Selbst gelernter Koch war er immer schon auch eine Händlernatur. Im Vorleben

hat er mit dem Import von Elektronikartikeln und mit dem Verkauf dieser Firma Geld gemacht. Der Versuch, eine günstig gestrandete Palette Wildreis aus Kanada loszuschlagen, so die vom Chef persönlich hoch gehaltene Firmenlegende, war die Geburtsstunde von BOS FOOD. Der Mann hatte Spaß daran, deutsche Köche (die er ja noch als Kollegen kannte) von Produktraritäten zu überzeugen, hatte Spaß daran, auch die speziellen Wünsche der Eliteköche zu bedienen und er hatte Spaß an dem Geld, das man damit verdienen konnte. Der Katalog listet alles Erdenkliche – unter dem Suchbegriff »Wasser« etwa gibt es fast 1000 Treffer –, aber der Schwerpunkt liegt auf Trockenlebensmitteln, Würzmitteln und Luxusprodukten. Bos setzt dabei auch auf Trends und fördert sie. Laufen Trüffel gut: Bos schreibt ein Buch dazu. Erobert die Molekularküche die Gaumen und wird ihr Erfinder Ferran Adrià gar zur Kunstausstellung »documenta« nach Kassel eingeladen: Bos erklärt in einem Buch, wie es funktioniert und verkauft die Zutaten. Werden Smoker, riesige amerikanische Grills in Dampflokoptik, Kult: Bos verkauft sie und veranstaltet dazu gleich Kochkurse für Gastronomen.

Von »richtigen« Trüffeln

Bei der Betriebsbesichtigung holt Mario Kalweit sein Paket ausnahmsweise selber ab. In die Kalweit'sche Küche kommen aus den Bos'schen Lagerhäusern die verschiedensten Ölspezialitäten, Foie gras, Fruchtpürees von bieder bis exotisch, Trockengemüse wie zum Beispiel Bohnen aller Farben und Größen, Blüten, Biogetreide, Risottoreis und gelegentlich auf besonderen Kundenwunsch auch einmal ein Trüffelprodukt oder eine richtige Knolle. »Dafür will man in Dortmund aber nicht den angemessenen Preis zahlen und billiger Mist kommt mir nicht ins Haus«, sagt Mario Kalweit. Gerne würde er öfter mit Trüffeln kochen, aber die »richtigen« kosten halt mehrere Tausend Euro pro Kilo. Die »falschen« verkauft Bos auch, er verkauft auf Wunsch ja nahezu alles, offeriert aber offen und ehrlich: »Tuber oligospermum … *ein sehr einfacher und wenig aromatischer Trüffel, der eher durch Optik als durch Geschmack überzeugt* …« Warum ich das so ausführlich beschreibe? Weil viele – überwiegend italienische – Restaurants diese Trüffel verkaufen und den fehlenden Geschmack durch künstliche Aromen ersetzen. Kunden genau solcher Restaurants verstehen dann nicht, wenn ein ehrlicher Koch ehrliche Produkte zu ehrlich hohen Preisen anbietet. Mario jedenfalls macht um solch minderwertige Produkte und um zugesetzte Aromen rigoros einen großen Bogen.

Auch Weine aller Kategorien lagert Bos in riesigen Klimahäusern aufwendig wie kaum ein Winzer, Fachhändler oder eine Kooperative: »Muss ein Wein sechs Jahre lagern, kaufe ich ihn lieber jung, lagere ihn in meinen eigenen Hallen und bin dann sicher, dass er zum Verkauf in genau dem Zustand ist, in dem er sein sollte«, so Bos. Für manche Restaurants stellt er die gesamte Weinkarte inklusive Empfehlungen zusammen und übernimmt die Lagerhaltung. Das kostet und ist eher für Häuser ohne eigene Sommeliers interessant. Im Hause Kalweit aber kennt sich Frau Susanne Thoenes mit Weinen bestens aus und bezieht in diesem Fall anderweitig.

Bei Bos laufen die Geschäfte, aber neiden möchte man ihm nicht das Geld, sondern den dauerhaften Umgang mit dem Besten, was der Nahrungsmittelmarkt zu bieten hat. »Bei BOS FOOD kauft man nicht billig, aber gleichbleibend gut und das brauche ich für mein Restaurant«, sagt Mario und lässt von den eigentlich guten Sachen gerade den Kaviar liegen: Der ist ihm für den gebotenen Geschmack dann doch zu teuer.

REZEPTE

VEGETARISCH

Alte Getreidearten und Gemüse erleben eine Renaissance. Dadurch werden nicht nur Landwirte motiviert, alte Sorten anzupflanzen, die vegetarische Küche mit guten Produkten fordert auch Kreativität von uns Köchen. In meinem Restaurant biete ich immer ein vegetarisches Menü an.

Antipasti

Für 4 Personen
Zubereitung: 55 Minuten,
plus Zeit zum Marinieren und Trocknen

Für die gegrillten Zucchinischeiben

2	Zucchini, längs in dünne Scheiben geschnitten
50 ml	Olivenöl
1 EL	Weißweinessig
1 EL	Thymian, fein gehackt
1	Knoblauchzehe, fein gehackt
1 Prise	Meersalz

Für die gebratenen Champignons

100 ml	Olivenöl
500 g	sehr kleine Champignons
50 ml	dunkler Balsamico
20 g	glatte Petersilie, fein gehackt
	Salz
	frisch gemahlener schwarzer Pfeffer

Für die Ofentomaten

500 g	Kirschtomaten
etwas	Meersalz
50 ml	Olivenöl
½	kleine Knoblauchzehe, fein gehackt
	nach Belieben Basilikumblätter, fein geschnitten

Für Paprika und Aubergine

4	rote und gelbe Paprika
1	Aubergine
100 ml	Olivenöl
50 ml	Balsamico
etwas	Majoran, fein gehackt
	Salz
	frisch gemahlener schwarzer Pfeffer

30 g	Pinienkerne
100 g	Feta
50 g	grüne Oliven ohne Stein, in Scheiben geschnitten

Die Zucchinischeiben in einer Grillpfanne ohne Fett von beiden Seiten grillen. In eine Schüssel legen und mit Olivenöl, Weißweinessig, Thymian, Knoblauch und Meersalz 1 Stunde marinieren.

Für die gebratenen Champignons in einem Topf die Hälfte des Olivenöls bei hoher Temperatur erhitzen und darin die Champignons kross anbraten. Mit dem Balsamico ablöschen und mit dem restlichen Olivenöl auffüllen. Mit der Petersilie, Salz und Pfeffer abschmecken.

Für die Ofentomaten den Backofen auf 80 °C Umluft (100 °C Ober-/Unterhitze) vorheizen. Die Tomaten waschen und halbieren. Auf ein Backblech legen, etwas salzen und 3–4 Stunden im Ofen trocknen. Wenn sie schön flach und noch etwas saftig sind, kann man sie aus dem Ofen nehmen. Die Tomaten in eine Schüssel geben und mit Olivenöl, Knoblauch und Basilikum abschmecken.

Die Paprika und die Aubergine putzen. Die Aubergine in dicke Scheiben schneiden. Die Paprika in Spalten schneiden, Kerne entfernen. In einer Pfanne das Olivenöl bei hoher Temperatur erhitzen und das Gemüse darin kross anbraten. Mit dem Balsamico ablöschen, mit Majoran, Salz und Pfeffer abschmecken. Während das Gemüse brät, in einer kleinen Pfanne ohne Fett bei mittlerer Temperatur die Pinienkerne leicht rösten. Alle Zutaten auf Tellern anrichten und den Feta darüberbröseln. Mit gerösteten Pinienkernen und Olivenscheiben bestreut servieren.

Senfeier mit gedämpften Kartoffeln und Kopfsalat

Für 4 Personen
Zubereitung: 55 Minuten

Für die Senfeier

6	Eier
60 g	Butter
1	Gemüsezwiebel, gewürfelt
80 g	Weizenmehl (Type 405)
50 ml	Weißwein
500 ml	Gemüsebrühe
500 ml	Milch oder Sahne
3 EL	scharfer Senf
1 Bund	Schnittlauch, in feine Röllchen geschnitten
	Salz
	frisch gemahlener schwarzer Pfeffer
	frisch geriebene Muskatnuss

Für die gedämpften Kartoffeln

500 g	Kartoffeln, geschält
30 g	Butter
etwas	Meersalz

Für den Kopfsalat

6	Kopfsalatherzen
100 ml	Sahne oder Naturjoghurt
etwas	glatte Petersilie, fein gehackt
	Salz
	frisch gemahlener schwarzer Pfeffer
etwas	Limettensaft
1 Prise	Zucker

Für die Senfeier die Eier 8–10 Minuten hart kochen und pellen. In einer Pfanne die Butter bei mittlerer Temperatur erhitzen und die Zwiebelwürfel darin anschwitzen. Mit dem Mehl bestauben und kurz rösten. Mit Weißwein ablöschen und die Brühe und die Milch oder Sahne aufgießen. Alles 10 Minuten köcheln lassen, damit die Sauce bindet und der Mehlgeschmack auskocht.

Senf und Schnittlauch unterrühren und mit Salz, Pfeffer und Muskat abschmecken. Die Eier in die Sauce legen und 5 Minuten ziehen lassen. Die Eier halbieren und drei halbe Eier mit Sauce pro Person servieren.

Für die gedämpften Kartoffeln die Kartoffeln im Dampfeinsatz eines Topfs garen. In einer Pfanne die Butter bei mittlerer Temperatur zerlassen und die Kartoffeln darin schwenken. Mit Meersalz würzen.

Für den Kopfsalat die Salatherzen putzen und die Blätter herauslösen. Die Sahne oder den Joghurt mit Petersilie, Salz und Pfeffer würzen. Mit einem Schneebesen den Limettensaft tropfenweise unter die Sahne rühren und mit Zucker abschmecken. Die Salatblätter mit dem Dressing marinieren. Zum Anrichten die Blätter auf Teller geben und die Eier daraufsetzen. Die Kartoffeln dazureichen.

Ziegenkäse im Kräuterduft und im Zucchinimantel

Für 4 Personen
Zubereitung: 15–20 Minuten

Für den Ziegenkäse im Kräuterduft

etwas Traubenkernöl
50 g Butter
20 g Pinienkerne
100 g frische Kräuter (z. B. Basilikum, Salbei, Petersilie, Schnittlauch)
Salz
frisch gemahlener schwarzer Pfeffer
4 Scheiben Ziegenbrie (je 60 g)

Für den Ziegenkäse im Zucchinimantel

4 kleine Ziegenkäse
etwas Honig
etwas Lavendel, gehackt
4 Scheiben Zucchini, längs geschnitten
etwas Butter
etwas Olivenöl

Für den Salat und die Vinaigrette

50 ml dunkler Balsamico
50 ml Olivenöl
50 ml Traubenkernöl
500 ml Walnussöl
Salz
frisch gemahlener schwarzer Pfeffer
100 g Salat (nach Belieben Rucola, Kopfsalatherzen, Löwenzahn, Babyspinat, Herzblattsalat, Brunnenkresse, Trevisiano, Mangoldsalat, Feldsalat, Friséesalat), geputzt
1 kleine Gartengurke, in Scheiben geschnitten
10 Kirschtomaten, halbiert
10 Radieschen, in Scheiben geschnitten
1 Karotte, grob gerieben
50 g Kürbiskerne, geröstet und gesalzen

Den Backofen auf 200 °C Umluft (220 °C Ober-/Unterhitze) vorheizen. In einer Pfanne das Traubenkernöl und die Butter erhitzen, die Pinienkerne einstreuen und kurz anrösten. Die Kräuter fein hacken, in die Pfanne geben und kurz anschwenken. Mit Salz und Pfeffer würzen. Die Kräutermischung auf dem Käse verteilen und den Käse 5–6 Minuten im Ofen überbacken.

Für den Ziegenkäse im Zucchinimantel die Käse mit etwas Honig bestreichen und mit Lavendel bestreuen. In die Zucchinischeiben gut einwickeln.

In einer Pfanne die Butter und das Olivenöl bei mittlerer Temperatur erhitzen und den Käse darin von beiden Seiten braten.

Für die Vinaigrette in einer größeren Schüssel Balsamico und Öle gut vermengen und mit Salz und Pfeffer abschmecken. Den Salat mit der Vinaigrette vor dem Servieren marinieren. Die übrigen Zutaten dazugeben beziehungsweise den Salat damit garnieren.

Schafskäseschnitzel mit Rotweinschalotten und Rucolasalat

Für 4 Personen
Zubereitung: 35 Minuten

Für die Schafskäseschnitzel

60 g	Weizenmehl (Type 405)
1	Ei
60 g	Paniermehl
4	Scheiben Feta (Schafskäse)
etwas	Olivenöl

Für die Rotweinschalotten

20	Schalotten
300 ml	Rotwein
100 ml	Rote-Bete-Saft
50 ml	Portwein
2	Wacholderbeeren
1	Lorbeerblatt
50 ml	Himbeeressig
	Salz
100 g	Zucker
5 EL	Honig
etwas	abgeriebene Schale einer unbehandelten Orange

Für den Rucolasalat

30 ml	Balsamico
40 ml	Olivenöl
30 ml	Gemüsebrühe
etwas	Thymian, gehackt
etwas	Knoblauch
	Salz
	frisch gemahlener schwarzer Pfeffer
300 g	Rucola

Für die Schafskäseschnitzel das Mehl auf einen Teller geben und in einer kleinen Schlüssel das Ei verquirlen. Das Paniermehl ebenfalls auf einen Teller geben. Die Schafskäsescheiben halbieren, in Mehl wenden, durch das Ei ziehen und panieren.

In einer Pfanne das Olivenöl bei niedriger Temperatur erhitzen und die Schnitzel darin von beiden Seiten insgesamt 5–6 Minuten goldbraun braten. Auf Küchenpapier abtropfen lassen.

Für die Rotweinschalotten die Schalotten schälen, in einen Topf geben und mit Rotwein, Rote-Bete-Saft, Portwein und den Gewürzen auffüllen. Aufkochen, mit den restlichen Zutaten abschmecken und bei niedriger Temperatur köcheln, bis sie weich sind.

Für den Rucolasalat in einer Schüssel Balsamico, Olivenöl und Brühe zu einer Vinaigrette verrühren und mit Thymian, Knoblauch, Salz und Pfeffer abschmecken. Kurz vor dem Anrichten den Rucolasalat mit der Vinaigrette marinieren.

Geeiste Gazpacho mit Olivenbrot

Für 4 Personen
Zubereitung: 50 Minuten, plus Kühlzeit

Für die Gazpacho

400 g	Tomaten
150 g	Salatgurke
100 g	rote Paprika
50 g	grüne Paprika
100 g	gelbe Paprika
100 g	Gemüsezwiebel
	Salz
1	Knoblauchzehe, gehackt
2	Scheiben Weißbrot ohne Rinde, gewürfelt
80 ml	Olivenöl
etwas	Tabasco
etwas	Balsamico
	frisch gemahlener schwarzer Pfeffer

Für das Olivenbrot

12	Scheiben Ciabatta
50 ml	Olivenöl
100 g	schwarze Oliven ohne Stein
100 g	grüne Oliven ohne Stein
2	Schalotten, fein gewürfelt
30 g	Parmesan, frisch gerieben
10	Basilikumblätter, gehackt
	Meersalz
	frisch gemahlener schwarzer Pfeffer
etwas	Limettensaft

Für die Gazpacho das Gemüse putzen, in kleine Würfel schneiden und in eine Schüssel füllen. Leicht salzen und mehrere Stunden Saft ziehen lassen.

Das Gemüse mit dem Knoblauch fein mixen, das Weißbrot dazugeben und so lange mixen, bis eine glatte Creme entsteht. Durch ein feines Sieb passieren und die kalte Suppe mit einem Mixstab aufschäumen, dabei das Olivenöl nach und nach einlaufen lassen. Mit Tabasco, Balsamico und Pfeffer abschmecken. Die Suppe kalt stellen – auch die Teller für die Suppe sollten vorgekühlt werden.

Für das Olivenbrot den Backofen auf 200 °C Umluft (220 °C Ober-/Unterhitze) vorheizen. Die Ciabattascheiben mit Olivenöl bestreichen und im Ofen kross backen.

Die Oliven sehr fein hacken und mit Schalottenwürfeln, Parmesan und Basilikum mischen. Mit Meersalz und Pfeffer würzen.

Die Ciabattascheiben mit der Olivenpaste bestreichen. Mit Limettensaft und Meersalz würzen und zu der eiskalten Gazpacho servieren.

Mediterraner Gemüseeintopf mit Safran-Grieß-Klößen

Für 4 Personen
Zubereitung: 50 Minuten

Für den Gemüseeintopf

1 Knolle	Fenchel
2	Karotten
1	Gemüsezwiebel
1	rote Paprika
1	gelbe Paprika
1	Aubergine, nur die Schale
1	Zucchini, nur die Schale
100 ml	Olivenöl, plus Olivenöl zum Braten
20 g	Tomatenmark
1 l	Gemüsebrühe
10	Kirschtomaten, halbiert
20 g	Salbeiblätter
20 g	Basilikumblätter
20 g	glatte Petersilie
10 g	Rosmarinnadeln
10 g	Thymianblätter
2	Knoblauchzehen
	abgeriebene Schale und Saft einer unbehandelten Zitrone
	Salz
	frisch gemahlener schwarzer Pfeffer

Für die Safran-Grieß-Klöße

250 ml	Milch
etwas	gemahlener Safran
20 g	Butter
	Salz
	frisch geriebene Muskatnuss
100 g	Hartweizengrieß
1	Ei

Für den Eintopf das Gemüse putzen, in große Würfel schneiden und in einer Pfanne in Olivenöl anschwenken – das härtere Gemüse benötigt mehr Zeit als weicheres: Zuerst Fenchel, Karotte, Zwiebel, Paprika, dann Aubergine und zum Schluss die Zucchini in die Pfanne geben.

Das Tomatenmark dazugeben, kurz mitschwenken und mit der Brühe auffüllen. Kurz vor dem Servieren die Kirschtomaten in den Topf geben.

Die Kräuter mit Knoblauch, Zitronenabrieb und -saft in einem Mixer mit dem Olivenöl zu einem Pesto mixen. Mit Salz und Pfeffer abschmecken und vor dem Servieren unter den Eintopf rühren.

Für die Klöße in einem Topf die Milch mit dem Safran, der Butter, Salz und Muskat zum Kochen bringen. Den Hartweizengrieß und das Ei in die heiße Milch einrühren und den Grieß unter Rühren 1–2 Minuten quellen lassen.

Erkalten lassen, dann mit zwei Löffeln Nocken formen und sie in siedendem Salzwasser ziehen lassen, bis sie oben schwimmen. Mit einem Schaumlöffel herausheben und zum Eintopf servieren.

Tempuragemüse mit Avocado-Erdnuss-Dip

Für 4 Personen
Zubereitung: für jede Teigzubereitung 20 Minuten, plus Zeit zum Quellen und Frittieren

Für den Tempurateig

1	Ei
	Salz
1 EL	Reisessig
50 g	Reismehl
50 g	Weizenmehl (Type 405)
	nach Belieben Sesamsaat, Koriandergrün, gehackt, gemahlene Kurkuma

Für den Bierteig

je 3	Eigelb und Eiweiß
150 ml	Bier
150 g	Weizenmehl (Type 405)
1 Prise	frisch geriebene Muskatnuss

Für das Gemüse

	Gemüse nach Belieben
	Frittierfett
60 g	Weizenmehl (Type 405)

Für den Avocado-Erdnuss-Dip

2	reife Avocados, entkernt und geschält
1 TL	Limettensaft
1 Msp.	Chilipulver
	Salz
	frisch gemahlener schwarzer Pfeffer
200 g	saure Sahne
50 g	ungesalzene Erdnüsse, fein gehackt, plus Erdnüsse für die Dekoration

---

Für den Tempurateig das Ei mit dem Salz, dem Reisessig und 200 ml kaltem Wasser gut verrühren. Nach und nach das Reismehl und das Weizenmehl unterrühren. Sesamkörner, gehackter Koriander oder Kurkuma verleihen dem Teig eine aromatische Note. Den Teig 30 Minuten quellen lassen.

Für den Bierteig in einer Schüssel das Eigelb mit Bier, Mehl, Salz und Muskat zu einem glatten Teig verrühren und 15 Minuten quellen lassen. Das Eiweiß steif schlagen und unter den Teig heben.

Beinahe alle Gemüsesorten können in Teig ausgebacken werden. Hartes Gemüse wie etwa Blumenkohl, Minimais, Brokkoli, Karotten, Kohlrabi oder Spargel zuvor putzen und in Röschen teilen oder in Stücke schneiden. In kochendem Salzwasser blanchieren, in Eiswasser abschrecken. Pilze, Zucchini, Zuckerschoten oder Frühlingszwiebeln etc. müssen nur geputzt und in Form gebracht werden, denn sie garen beim Ausbacken. Das Gemüse muss vor dem Ausbacken schön trocken sein.

In einem Topf reichlich Frittierfett auf 180 °C erhitzen. In einen tiefen Teller Mehl füllen. Das Gemüse in Mehl wenden und in den Ausbackteig tauchen. Den Teig etwas abtropfen lassen und das Gemüse im Fett goldgelb backen.

Für den Dip die Avocados in einer Schüssel mit einer Gabel zerdrücken. Mit Limettensaft und Gewürzen marinieren. Die saure Sahne und die Erdnüsse unterheben und gut verrühren. In kleine Gläschen füllen, mit Erdnüssen bestreuen und zum Gemüse servieren.

Risotto mit sautierten Waldpilzen und Büffelmozzarella

Für 4 Personen
Zubereitung: 50 Minuten

Für das Risotto

50 g	Butter
60 g	Zwiebel, gewürfelt
400 g	Risottoreis (Arborio, Baldo oder Carnaroli)
150 ml	Weißwein
1,2 l	warme Gemüsebrühe
	Salz
20 g	Parmesan, frisch gerieben

Für die Waldpilze

300 g	Pilze (frische Pilze nach Belieben mischen, alternativ TK-Pilze)
50 g	Butter
1	Gemüsezwiebel, gewürfelt
4 EL	Crème fraîche
	Salz
	frisch gemahlener schwarzer Pfeffer
½	Bund Schnittlauch, in feine Röllchen geschnitten

Für den Büffelmozzarella

2	Büffelmozzarella (je 125 g)
1 EL	Olivenöl
1 EL	gehackter frischer Majoran
	Meersalz
	frisch gemahlener schwarzer Pfeffer

Für das Risotto in einem Topf 20 g Butter bei mittlerer Temperatur zerlassen und die Zwiebelwürfel darin glasig werden lassen. Den Risottoreis zugeben und anschwitzen, Zwiebeln und Reis sollten keine Farbe annehmen. Mit Wein ablöschen und bei mittlerer Temperatur weiterrühren, bis der Reis die Flüssigkeit aufgenommen hat.

Unter Rühren etwas Gemüsebrühe auffüllen. Erst wenn die Flüssigkeit weitgehend aufgenommen worden ist, wieder Brühe nachgießen. Auf diese Weise das Risotto in 12–15 Minuten fertig kochen. Salz, restliche Butter und Parmesan unterheben.

Für die sautierten Waldpilze die Pilze putzen und in Scheiben schneiden. In einer Pfanne die Butter bei mittlerer Temperatur zerlassen und die Gemüsezwiebel darin glasig werden lassen. Die Pilze dazugeben und etwa 5 Minuten unter Rühren garen. Die Crème fraîche dazugeben, alles einmal aufkochen und mit Salz, Pfeffer und Schnittlauch abschmecken. Die Pilze auf das Risotto geben.

Für den Büffelmozzarella den Backofen auf 150 °C Umluft (170 °C Ober-/Unterhitze) vorheizen. Die Mozzarellakugeln halbieren, auf ein mit Backpapier belegtes Backblech legen und mit Olivenöl, Majoran, Salz und Pfeffer würzen. Im Backofen 2–3 Minuten erwärmen und noch warm zum Risotto servieren.

Sesamreisbällchen auf Avocados mit Curry-Sirup

Für 4 Personen
Zubereitung: 1 Stunde, plus Zeit zum Abtropfen und Ruhen

Für die Sesamreisbällchen

300 g	japanischer Rundkornreis (Sushi-Reis)
4 EL	Reisessig
1 ½ TL	Salz
1 ½ TL	Zucker
100 g	weiße und schwarze Sesamsaat
etwas	Sesamölbutter (Mischung aus Sesamöl und zerlassener Butter)

Für die Avocados

3	Avocados, geschält, entkernt und gewürfelt
	Saft von 1 Orange
	Saft von 1 Limette
etwas	Butter
etwas	Erdnussöl
4	Schalotten, in Streifen geschnitten
100 g	ungesalzene Erdnüsse
	Salz
	frisch gemahlener schwarzer Pfeffer

Für den Curry-Sirup

20 g	Butter
100 g	Zucker
1 TL	Knoblauchpaste
1 TL	Tandooripaste (aus dem Asiashop)
½ TL	Currypulver
1 Msp.	gemahlener Zimt
1 Msp.	gemahlene Kurkuma
1 Msp.	Chilipulver
100 ml	Weißwein
100 ml	Reisessig

Für die Sesamreisbällchen den Reis in einem Sieb unter fließendem Wasser waschen, bis das Wasser klar ist. Etwa 1 Stunde gründlich abtropfen lassen. In einem Topf mit Deckel den Reis und 360 ml Wasser zum Kochen bringen. Die Temperatur reduzieren und den Reis bei aufgesetztem Deckel 15 Minuten köcheln lassen. Den Topf vom Herd nehmen und den Reis noch 10–15 Minuten bei aufgesetztem Deckel ruhen lassen.

Den Backofen auf 170 °C Umluft (190 °C Ober-/Unterhitze) vorheizen. In einem kleinen Topf den Reisessig mit Salz und Zucker verrühren und leicht erwärmen.

Den Reis in eine Schüssel geben und die Essigmischung mit einem Holzspatel in den Reis einarbeiten. Den Sesam auf einen Teller geben. Aus dem Reis kleine Kugeln formen, in Sesam wälzen und auf ein Backblech setzen. Kurz im Ofen erwärmen und vor dem Servieren mit Sesamölbutter bepinseln.

In einer Schüssel die Avocadowürfel mit den Säften marinieren. In einer Pfanne Butter und Erdnussöl bei mittlerer Temperatur erhitzen und die Schalotten darin glasig werden lassen. Die Erdnüsse kurz mitschwenken, dann die Avocadowürfel zugeben und 3–4 Minuten mitgaren. Mit Salz und Pfeffer abschmecken.

Für den Curry-Sirup in einer Pfanne die Butter und den Zucker bei mittlerer Temperatur leicht karamellisieren. Die Pasten und Gewürze dazugeben und leicht rösten, bis sie anfangen zu duften. Mit Weißwein und Reisessig auffüllen und sirupartig einkochen, abschmecken. Die Bällchen auf den Avocados anrichten und mit Sirup beträufeln.

Salzgemüse und dicke Bohnen in Rahm

Für 4 Personen
Zubereitung: 1 Stunde 10 Minuten

Für das Salzgemüse

1 kg	grobes Meersalz
500 g	Gemüse (z. B. Radieschen, Karotten, Mairüben, Perlzwiebeln, Zucchini, Rote Bete), geputzt und in eine schöne Form gebracht
etwas	Butter
	frisch gemahlener schwarzer Pfeffer
	frisch geriebene Muskatnuss

Für die dicken Bohnen in Rahm

etwas	Olivenöl
50 g	Knollensellerie, Karotte und Lauch, fein gewürfelt
100 g	dicke Bohnen (TK), kurz blanchiert und aus den Häutchen gedrückt
80 ml	Sahne
1 TL	gehackter Thymian
etwas	Butter
	Salz
	frisch gemahlener schwarzer Pfeffer
	frisch geriebene Muskatnuss

Für den Kräuterjoghurt

2	rote Lauchzwiebeln, fein gewürfelt
1	Knoblauchzehe, zerdrückt
	Saft von 1 Orange
	Saft von 1 Limette
100 g	glatte Petersilie, Schnittlauch, Kerbel und Majoran, gehackt
30 ml	gutes Olivenöl
	Salz
	frisch gemahlener schwarzer Pfeffer
500 g	türkischer Joghurt

Für das Salzgemüse den Backofen auf 170 °C Umluft (190 °C Ober-/Unterhitze) vorheizen. Einzelne kleine Bleche oder Auflaufformen mit dem Meersalz befüllen. Das Gemüse nach Sorten sortiert auf das Salz setzen, es hat je nach Sorte unterschiedliche Garzeiten. Mairüben, Radieschen und Karotten 15–20 Minuten, Zucchini 10 Minuten, kleine Zwiebeln 25–30 Minuten im Ofen garen.

Durch das Einstechen mit einem Zahnstocher prüfen, ob das Gemüse gar ist. Vor dem Anrichten in einer Pfanne die Butter bei mittlerer Temperatur zerlassen und etwas aufschäumen. Darin das Gemüse schwenken und mit Pfeffer und Muskat abschmecken.

Für die dicken Bohnen in Rahm in einer Pfanne das Olivenöl bei mittlerer Temperatur erhitzen und die Gemüsewürfel darin kurz anschwitzen. Die Bohnen zugeben, mit Sahne auffüllen und alles sämig einkochen. Mit Thymian, Butter, Salz, Pfeffer und Muskat abschmecken.

Für den Kräuterjoghurt in einer Schüssel die Lauchzwiebeln mit Knoblauch, Orangen- und Limettensaft, Kräutern, Olivenöl, Salz und Pfeffer 10 Minuten marinieren. Den türkischen Joghurt unterheben und nochmals mit Salz abschmecken. Zum Anrichten das Gemüse wieder auf das Salzbett setzen. Bohnen und Joghurt separat servieren. Dazu passen Maisküchlein (siehe Seite 144).

Omelett mit Shiitake-Ragout und Limettenjoghurt

Für 4 Personen
Zubereitung: 20 Minuten

Für das Shiitake-Ragout

etwas	Olivenöl
etwas	Butter
2	Schalotten, fein gewürfelt
200 g	Shiitakepilze, gewürfelt
6	Frühlingszwiebeln, in Stücke geschnitten
etwas	Knoblauch, fein gehackt
10	Strauchtomaten, halbiert
etwas	Schnittlauch, in feine Röllchen geschnitten
	Meersalz
	frisch gemahlener schwarzer Pfeffer

Für den Limettenjoghurt

200 g	türkischer Joghurt
	Saft und abgeriebene Schale einer unbehandelten Limette
etwas	Olivenöl
	Salz
	frisch gemahlener schwarzer Pfeffer

Für die Omeletts

50 ml	Sahne
16	Eier
	Salz
	frisch geriebene Muskatnuss
etwas	Butter, plus etwas zerlassene Butter

Für das Shiitake-Ragout in einer Pfanne das Olivenöl und die Butter bei mittlerer Temperatur erhitzen. Schalottenwürfel, Pilzwürfel, Frühlingszwiebeln und Knoblauch darin 2–3 Minuten anschwitzen. Tomaten und Schnittlauch dazugeben, kurz schwenken und mit Meersalz und Pfeffer abschmecken.

Für den Limettenjoghurt alle Zutaten mischen und mit Salz und Pfeffer abschmecken.

Für die Omeletts in einer Schüssel die Zutaten bis auf die Butter gut mit einer Gabel aufschlagen. In einer beschichteten Pfanne Butter erhitzen, bis sie etwas bräunt. Ein Viertel der Eimischung zugeben und in der Pfanne stocken lassen – die Unterseite sollte gebräunt sein. Etwas Pilzragout auf eine Hälfte des Omeletts geben und das Omelett einklappen, so vier Omeletts zubereiten. Mit flüssiger Butter bestreichen, mit Limettenjoghurt beträufeln und servieren.

Crêpes-Torte mit Champignons und Kräutercreme

Für 4 Personen
Zubereitung: 50 Minuten

Für die Crêpes

200 ml	Milch
25 g	Butter, zerlassen, plus Butter für die Pfanne und die Form
2	Eier
1	Eigelb
100 g	Weizenmehl (Type 405)
1 Prise	Salz

Für die Füllung

200 g	Champignons
2	Schalotten
1	Stange Lauch
etwas	Butter
200 ml	Sahne
etwas	Schnittlauch, in feine Röllchen geschnitten
	Salz
	frisch gemahlener schwarzer Pfeffer

Für die Kräutercreme

50 g	Kräuter (krause Petersilie, Schnittlauch, Minze, Majoran, Kerbel), gehackt
	Olivenöl nach Belieben
	abgeriebene Schale und Saft von ½ unbehandelten Zitrone
1	Knoblauchzehe, zerdrückt
	Salz
	frisch gemahlener schwarzer Pfeffer
200 g	türkischer Joghurt
100 g	saure Sahne

Für die Crêpes in einer Schüssel die Milch mit der zerlassenen Butter, Eiern und Eigelb verrühren. Das Mehl darübersieben, mit Salz würzen und nochmals verrühren. Eine beschichtete Pfanne mit Butter auspinseln und darin dünne Crêpes backen.

Für die Füllung die Champignons, die Schalotten und den Lauch putzen und fein würfeln. In einer Pfanne etwas Butter zerlassen und das Gemüse darin schwenken. Mit der Sahne aufgießen und alles etwas einkochen lassen. Mit Schnittlauch, Salz und Pfeffer abschmecken.

Den Backofen auf 120 °C Umluft (140 °C Ober-/Unterhitze) vorheizen.

Die Crêpes abwechselnd mit der Pilzmischung in einen Tortenring oder eine gebutterte Auflaufform schichten. Im Ofen 10 Minuten erwärmen und zum Servieren in Tortenstücke schneiden.

Für die Kräutercreme in einer Schüssel die gehackten Kräuter mit Olivenöl, Zitronensaft und -abrieb, Knoblauch, Salz und Pfeffer verrühren und 5 Minuten ziehen lassen. Joghurt und saure Sahne unterrühren und eventuell nochmals abschmecken, dazureichen.

Gemüselasagne

Für 4 Personen
Zubereitung: 1 Stunde 20 Minuten

Für die Béchamelsauce

25 g	Butter
30 g	Weizenmehl (Type 405)
500 ml	Milch
	Salz
	frisch gemahlener schwarzer Pfeffer
1 Prise	frisch geriebene Muskatnuss

Für die Gemüsefüllung

50 ml	Olivenöl
2	Paprika, gewürfelt
1	Gemüsezwiebel, gewürfelt
1	Aubergine, gewürfelt
1	Zucchini, gewürfelt
1	Knoblauchzehe, zerdrückt
100 g	Tomatenmark
1 Prise	Rohrzucker
1 TL	Balsamico
20	Kirschtomaten, halbiert
30 g	Rosmarinnadeln, Thymian, Salbei und Basilikum, gehackt
	Salz
	frisch gemahlener schwarzer Pfeffer

Für die Lasagne

1	Portion Nudelteig (siehe Seite 209)
etwas	Butter für die Form
100 g	Parmesan, frisch gerieben

Für die Béchamelsauce in einem Topf die Butter zerlassen, das Mehl einrühren und anschwitzen, ohne dass es Farbe annimmt. Die Milch einrühren und unter Rühren zum Kochen bringen, damit eine glatte Sauce entsteht. Mit Salz, Pfeffer und Muskat abschmecken. Etwa 20 Minuten bei niedriger Temperatur köcheln, damit das Mehl richtig abbindet.

Für die Gemüsefüllung in einer Pfanne das Olivenöl bei mittlerer Temperatur erhitzen. Die Gemüsewürfel mit dem Knoblauch in die Pfanne geben und alles kurz anbraten. Das Tomatenmark einrühren und kurz anrösten. Mit Rohrzucker bestreuen und leicht karamellisieren lassen, dann mit Balsamico ablöschen. Kirschtomaten und Kräuter dazugeben und mit Salz und Pfeffer abschmecken.

Für die Lasagne kleine Mengen vom Teig abnehmen und mit der Nudelmaschine Teigplatten von 20 cm Länge herstellen. In einem Topf reichlich Salzwasser zum Kochen bringen. Die Teigplatten ins kochende Wasser geben und etwa 1 Minute im sprudelnden Wasser garen lassen. Mit einem Schaumlöffel herausheben und auf ein feuchtes Tuch geben. Den Backofen auf 220 °C Umluft (240 °C Ober-/Unterhitze) vorheizen. Eine Auflaufform mit Butter ausstreichen und den Boden mit Lasagneblättern auslegen. Darauf etwas Gemüse verteilen, mit Lasagneblättern bedecken und mit etwas Béchamelsauce bestreichen. Weiter so verfahren, bis mehrere Schichten entstehen. Mit Béchamelsauce abschließen und mit Parmesan bestreuen. Die Lasagne etwa 20 Minuten im Ofen backen.

Grünkernfrikadellen mit Topinamburgemüse

Für 4 Personen
Zubereitung: 55 Minuten

Für die Grünkernfrikadellen

50 g	Karotte
50 g	Knollensellerie
50 g	Lauch
etwas	Rapsöl, plus Rapsöl zum Ausbacken
90 g	frischer Grünkern
	Salz
	frisch gemahlener schwarzer Pfeffer
375 ml	Gemüsebrühe
1	Ei
1	Eigelb
90 g	Edamer, gerieben
½	Bund glatte Petersilie, gehackt
40 g	Haferflocken
½	Knoblauchzehe, fein gehackt
	frisch geriebene Muskatnuss

Für das Topinamburgemüse

500 g	Topinambur
	Salz
etwas	Butter
3	Schalotten, gewürfelt
1	Knoblauchzehe, zerdrückt
	frisch gemahlener schwarzer Pfeffer

Für die Schnittlauchcreme (nach Belieben)

etwas	Butter
2	Schalotten, fein gewürfelt
300 ml	Gemüsebrühe
100 ml	Sahne
100 g	Crème fraîche
	Salz
	frisch geriebene Muskatnuss
	frisch gemahlener schwarzer Pfeffer
½	Bund Schnittlauch, in feine Röllchen geschnitten

Für die Grünkernfrikadellen Karotte, Sellerie und Lauch putzen und in feine Würfel schneiden. In einer Pfanne Rapsöl bei mittlerer Temperatur erhitzen. Das Gemüse und den Grünkern darin kurz anschwenken und mit Salz und Pfeffer würzen. Von der Brühe zwei Drittel dazugeben und den Grünkern bei geschlossenem Deckel bei niedriger Temperatur quellen lassen.

Ei, Eigelb, Edamer, Petersilie, Haferflocken und bei Bedarf mehr Brühe unter die Mischung rühren. Mit Knoblauch, Salz, Pfeffer und Muskat abschmecken. Kleine Bratlinge formen und in Rapsöl ausbacken.

Für das Gemüse Topinambur in Salzwasser garen und schälen, große Knollen in dicke Scheiben schneiden. In einer Pfanne bei mittlerer Temperatur Butter zerlassen und Topinambur mit den Schalotten und dem Knoblauch bei niedriger Temperatur schmoren. Mit Salz und Pfeffer abschmecken.

Für die Schnittlauchcreme in einer Pfanne die Butter bei mittlerer Temperatur zerlassen und die Schalotten darin glasig werden lassen. Mit Brühe auffüllen und die Flüssigkeit auf etwa 100 ml reduzieren. Mit Sahne und Crème fraîche auffüllen, einmal aufkochen und mit Salz, Muskat, Pfeffer und Schnittlauch abschmecken. Nach Belieben zu Frikadellen und Gemüse reichen.

Schwarzwurzel-Polenta in Brickteig auf Feldsalat

Für 4 Personen
Zubereitung: 50 Minuten

Für die Schwarzwurzel-Polenta

500 ml	Milch (alternativ Gemüsebrühe)
20 g	Butter, plus Butter zum Bepinseln
etwas	Olivenöl, plus etwas zum Braten
	Salz
	frisch gemahlener schwarzer Pfeffer
	frisch geriebene Muskatnuss
100 g	Polenta
3	Schalotten, gewürfelt
200 g	Schwarzwurzeln, kurz gekocht, in Scheiben geschnitten
½	Bund Schnittlauch, in feine Röllchen geschnitten
50 g	Parmesan, frisch gerieben
4	Brickteigblätter (aus dem orientalischen Lebensmittelhandel)

Für den Feldsalat

30 ml	Himbeeressig
30 ml	Traubenkernöl
30 ml	Olivenöl
30 ml	Gemüsebrühe
	Salz
	frisch gemahlener schwarzer Pfeffer
200 g	Feldsalat, gründlich geputzt
einige	Radicchioblätter, in Streifen geschnitten
10	Radieschen, in Stifte geschnitten
2 EL	Pinienkerne, geröstet

Für die Schwarzwurzel-Polenta in einem Topf die Milch mit Butter, Olivenöl, Salz, Pfeffer und Muskat zum Kochen bringen. Die Polenta unterrühren und 5 Minuten quellen lassen.

In einer Pfanne Olivenöl bei mittlerer Temperatur erhitzen und die Schalotten darin glasig werden lassen. Zunächst die Schwarzwurzeln dazugeben, dann mit Schnittlauch und Pfeffer abschmecken. Umrühren und die Schwarzwurzeln 10 Minuten garen lassen.

Den Backofen auf 180 °C Umluft (200 °C Ober-/Unterhitze) vorheizen. Die Schwarzwurzelmischung und den Parmesan unter die Polenta heben und alles gut vermengen.

In einem Pfännchen Butter zerlassen und die Brickteigblätter damit bepinseln. Die Polenta auf die Blätter verteilen und diese stramm einrollen. In einer Pfanne Olivenöl bei mittlerer Temperatur erhitzen. Die Polentarollen von allen Seiten darin anbraten und 6 Minuten im Ofen weitergaren. Vor dem Servieren in drei Teile schneiden.

Für den Feldsalat in einer Schüssel den Himbeeressig mit den Ölen und der Brühe gut verrühren und mit Salz und Pfeffer abschmecken. Salate, Radieschen und Pinienkerne zur Vinaigrette geben und alles vermengen. In der Tellermitte anrichten und die Polentarollen darauf platzieren.

FISCH & MEERES-FRÜCHTE

Die Zubereitung von Fischgerichten erfordert viel Kreativität, das Ergebnis ist dafür optisch und geschmacklich unübertroffen. Ich kaufe Fisch immer frisch, gern Angelware oder Fisch aus Aquakulturen mit Bio-Zertifizierung. Meeresfrüchte werden garantiert frisch in Wassercontainern geliefert.

Bouillabaisse mit Knoblauch-Kräuter-Brot

Für 4 Personen
Zubereitung: 45 Minuten

Für die Bouillabaisse

50 ml	Olivenöl
250 g	Gemüse (Stangensellerie, Fenchel, Lauch), gewürfelt
1	Gemüsezwiebel, gewürfelt
2	Knoblauchzehen, zerdrückt
100 ml	Weißwein
1 l	Fischfond (alternativ Wasser)
1	Lorbeerblatt
einige	schwarze Pfefferkörner, zerstoßen
1 EL	gehackter Thymian
1 TL	Fenchelsaat
1 Msp.	gemahlene Süßholzwurzel
1 Prise	gemahlener Safran
500 g	Fisch und Meeresfrüchte (Rotzunge, Loup de Mer, Lachs, Seeteufel, Gambas)
	Saft von 1 Zitrone
3	Tomaten, enthäutet, entkernt und gewürfelt
50 g	glatte Petersilie, gehackt
	Meersalz

Für das Knoblauch-Kräuter-Brot

50 ml	Olivenöl
1	Knoblauchzehe, zerdrückt
etwas	Thymian, gehackt
einige	Rosmarinnadeln, gehackt
1	Salbeiblatt, fein geschnitten
	Meersalz
	frisch gemahlener schwarzer Pfeffer
4	Scheiben Graubrot

Für die Bouillabaisse in einem großen Topf das Olivenöl bei mittlerer Temperatur erhitzen. Die Gemüse- und Zwiebelwürfel sowie den Knoblauch darin anschwitzen. Mit Weißwein ablöschen und mit Fischfond auffüllen.

Die Gewürze außer Süßholz und Safran in einen Kaffeefilter füllen, diesen verschließen und den Gewürzbeutel sowie separat das Süßholz und den Safran zum Fond geben. Den Fond kurz aufkochen.

Die Fische und Meeresfrüchte vorbereiten und in mundgerechte Würfel schneiden. In einer Schüssel kurz in Zitronensaft marinieren und in den nicht mehr kochenden Fond geben. Bei niedriger Temperatur 5 Minuten ziehen lassen.

Vor dem Anrichten die Tomatenwürfel und die Petersilie dazugeben und mit Meersalz abschmecken.

Für das Knoblauch-Kräuter-Brot den Backofen auf 200 °C Umluft (220 °C Ober-/Unterhitze) vorheizen. In einer Schüssel Olivenöl, Knoblauch, Kräuter, Salz und Pfeffer gut vermischen. Die Brotscheiben vierteln und mit der Kräutermischung bestreichen. Auf ein Backblech legen, im Ofen goldgelb backen und zur Bouillabaisse reichen.

Hummerravioli mit Sellerie und Hummer-Sahne-Sauce

Für 4 Personen
Zubereitung: 1 Stunde

Für die Hummerravioli

etwas	Olivenöl
4	Schalotten, fein gewürfelt
300 g	Hummerfleisch, gegart und fein gehackt (die Hummerschalen beiseitelegen)
etwas	Limettensaft
1 EL	fein gehackter Thymian
	Salz
	frisch gemahlener schwarzer Pfeffer
40	Wan-Tan-Blätter oder Nudelteigplatten (Rezept für Nudelteig siehe Seite 209)
1	Eigelb

Für den Sellerie

400 g	Stangensellerie
30 g	Butter
50 g	Karotten, fein gewürfelt
	Saft von 1 Orange
	Salz

Für die Hummer-Sahne-Sauce

etwas	Olivenöl
100 g	Wurzelgemüse (Zwiebel, Knollensellerie, Karotte, Lauch), gewürfelt
	Hummerschalen, fein zerstoßen
einige	Pfefferkörner, Lorbeerblätter, Korianderkörner, Wacholderbeeren, zerstoßen
200 g	Tomatenmark
etwas	Orangenlikör
400 ml	Sahne
	Salz

Für die Hummerravioli in einer Pfanne das Olivenöl bei mittlerer Temperatur erhitzen und die Schalotten darin glasig werden lassen. Das Hummerfleisch untermischen. Mit Limettensaft, Thymian, Salz und Pfeffer abschmecken.

Die Hälfte der Wan-Tan-Blätter oder Nudelteigplatten mit Eigelb bepinseln, etwas Hummermischung auflegen und mit einer Teigplatte abdecken. Gut andrücken, damit keine Luftblasen entstehen, und mit einem Ausstecher Ravioli ausstechen. In einem großen Topf Salzwasser aufkochen und die Ravioli darin bei 90 °C 5–6 Minuten ziehen lassen.

Den Sellerie putzen und die Stangen in fingerlange Stücke schneiden. Ein Stück zusätzlich fein würfeln. In einer Pfanne die Butter zerlassen und die Stücke darin 4–5 Minuten anschwitzen. Am Schluss kurz die Sellerie- und Karottenwürfel mitschwenken. Mit Orangensaft ablöschen und mit Salz abschmecken.

Für die Sauce in einem Topf das Olivenöl bei mittlerer Temperatur erhitzen und das Wurzelgemüse darin anschwitzen. Hummerschalen, Gewürze und Tomatenmark dazugeben und kurz mitrösten. Mit Orangenlikör ablöschen und mit Sahne auffüllen. Die Sauce einmal aufkochen, 5 Minuten ziehen lassen und durch ein feines Sieb passieren. Mit Salz abschmecken. Die Ravioli auf den Sellerie- und Karottenwürfeln anrichten. Selleriestücke und Sauce dazureichen.

Piccata von Büffelmozzarella mit Avocado und Gamba-Spieß

Für 4 Personen
Zubereitung: 35 Minuten

Für die Piccata von Büffelmozzarella

etwas	Weizenmehl (Type 405)
1	große Zucchini, in Scheiben geschnitten
etwas	Olivenöl
	Salz
	frisch gemahlener schwarzer Pfeffer
300 g	Büffelmozzarella, in Scheiben geschnitten
2	Eier
3 EL	Sahne
100 g	Parmesan, frisch gerieben

Für die Avocados

2	Avocados
etwas	Limettensaft
etwas	Butter
1 TL	Erdnussöl
2	Schalotten, in Streifen geschnitten
30 g	ungesalzene Erdnüsse
	Salz
	frisch gemahlener schwarzer Pfeffer
1	Tropfen Chiliöl

Für die Gamba-Spieße

16	Gambas ohne Schale
4	Zweige Rosmarin
1	Knoblauchzehe
etwas	Olivenöl
	Salz

Für die Piccata zunächst den Backofen auf 200 °C Umluft (220 °C Ober-/Unterhitze) erhitzen. Etwas Mehl auf einen Teller geben und die Zucchinischeiben darin wenden. In einer Pfanne das Olivenöl bei mittlerer Temperatur erhitzen. Die Zucchinischeiben darin anbraten. Salzen, pfeffern und auf Küchenpapier abtropfen lassen.

Die Zucchinischeiben auf ein Blech legen und jede Scheibe mit einer gleich großen Scheibe Büffelmozzarella belegen. Die Eier mit Sahne und Parmesan verquirlen und jeweils etwa 1 EL der Mischung auf den Mozzarella geben. Etwa 6 Minuten im Ofen überbacken, der Parmesan sollte schön braun werden.

Die Avocados schälen, entkernen und in Würfel schneiden. Damit sie nicht dunkel werden, mit etwas Limettensaft marinieren. In einer Pfanne die Butter und das Erdnussöl bei mittlerer Temperatur erhitzen und die Schalotten darin glasig werden lassen. Avocados und Erdnüsse dazugeben und je nach Reifegrad der Avocados garen. Mit Salz, Pfeffer und etwas Chiliöl abschmecken.

Für die Spieße je vier Gambas auf einen Rosmarinzweig stecken. Eine Pfanne mit Knoblauch ausreiben und das Olivenöl darin bei mittlerer Temperatur erhitzen. Die Spieße 5–6 Minuten braten, leicht salzen. Piccata und Avocados anrichten, Spieße darauflegen.

Frühlingsrollen und Wan-Tans mit Shrimps und Mango-Chutney

Für 4 Personen
Zubereitung: 45 Minuten

Für die Frühlingsrollen und Wan-Tans

10	Teigblätter für Frühlingsrollen (aus dem Asiashop)
20	Wan-Tan-Blätter (aus dem Asiashop)
50 g	Glasnudeln
etwas	Pflanzenöl, plus Öl zum Braten
2	Frühlingszwiebeln, das Weiß fein gewürfelt
1	kleine Karotte, fein gewürfelt
60 g	Knollensellerie, fein gewürfelt
1	Knoblauchzehe, fein gehackt
300 g	küchenfertige Shrimps (geschält, entdarmt)
1 Prise	Salz
etwas	Fischsauce
etwas	Austernsauce
etwas	Chiliöl
etwas	Koriandergrün, gehackt
1	Eiweiß, leicht aufgeschlagen

Für das Mango-Chutney

200 g	brauner Rohrzucker
	Saft von 1 Orange
100 ml	Weißwein
1 cm	frische Ingwerwurzel, geschält und fein gerieben
etwas	Chiliöl
etwas	Currypulver
etwas	Aprikosenessig
2	Mangos, geschält und gewürfelt
10	Datteln, entkernt und gewürfelt
100 g	Rosinen

Für die Frühlingsrollen und Wan-Tans den Teig und die Wan-Tan-Blätter auftauen. In einer Schüssel die Glasnudeln in lauwarmem Wasser einweichen. In einem Wok das Pflanzenöl bei mittlerer Temperatur erhitzen und darin das Gemüse und den Knoblauch kurz anschwenken. Die Shrimps und die abgegossenen Glasnudeln dazugeben und kurz garen. Mit Salz, den Saucen, dem Chiliöl und dem Koriander nach Belieben abschmecken.

Die Teigblätter und Wan-Tan-Blätter auf einem Tuch ausbreiten und mit Eiweiß bepinseln. Die Füllung daraufgeben und kleine Frühlingsrollen und Wan-Tan-Päckchen formen.

Die Frühlingsrollen im Wok in Öl braten. Die Wan-Tan-Päckchen in einen asiatischen Dampftopf (alternativ in einen normalen Topf mit Dampfeinsatz) geben, in dem die Bambusrippen mit Öl bepinselt wurden, damit nichts anhaftet. In eine Pfanne mit Wasser stellen und etwa 5 Minuten dämpfen.

Für das Chutney in einem Topf Zucker, Orangensaft, Weißwein und Ingwer miteinander aufkochen und mit Chiliöl, Curry und Aprikosenessig abschmecken. Das Obst und die Rosinen in die Flüssigkeit geben und kochen, bis die Mangos weich sind. Das Chutney als Dip zu den Frühlingsrollen und Wan-Tans servieren.

Meeresfrüchtepizza mit Majoran

Für 4 Personen
Zubereitung: 1 Stunde 20 Minuten

Für den Pizzateig

300 ml	Milch
25 g	Hefe
500 g	Weizenmehl (Type 405)
50 g	Butter
10 g	Salz
10 g	Zucker

Für die Sauce

etwas	Olivenöl
1	Gemüsezwiebel, gewürfelt
1 Prise	Zucker
etwas	Balsamico
400 g	stückige Tomaten aus der Dose
1	Knoblauchzehe, zerdrückt
	Salz
	frisch gemahlener schwarzer Pfeffer
80 g	Majoran, gehackt

Für den Pizzabelag

4	küchenfertige Riesengarnelen (geschält, entdarmt), zerteilt
200 g	Fisch nach Belieben (z. B. Lachs, Seeteufel, Dorade), gewürfelt
100 g	Thunfisch aus der Dose
100 g	ausgelöste Muscheln (Jakobsmuscheln oder Miesmuscheln)
etwas	Olivenöl
	Salz
300 g	Büffelmozzarella, in Scheiben geschnitten
100 g	Parmesan, frisch gerieben
1	Zweig Majoran zum Dekorieren

Für den Pizzateig in einem kleinen Topf die Milch erwärmen und die Hefe darin auflösen. Das Mehl in eine Schüssel geben und eine Mulde hineindrücken. Die Milch-Hefe-Mischung in die Mulde gießen und mit etwas Mehl verrühren. Die restlichen Zutaten auf den Mehlrand geben und den Vorteig 30 Minuten an einem warmen Ort (bei etwa 30 °C) gehen lassen. Alle Zutaten gut miteinander verkneten und nochmals 15 Minuten gehen lassen. Den Teig auf einem Backblech ausrollen.

Für die Sauce in einer Pfanne das Olivenöl bei mittlerer Temperatur erhitzen. Die Zwiebel darin glasig werden lassen, mit Zucker bestreuen und mit Balsamico ablöschen. Die Tomaten und den Knoblauch dazugeben. Alles aufkochen und mit Salz und Pfeffer abschmecken. Den Majoran unterheben und die Tomatensauce auf die Pizza streichen. Den Backofen auf 220 °C Umluft (240 °C Ober-/Unterhitze) vorheizen.

Für den Pizzabelag in einer Schüssel alle Zutaten bis auf den Käse mischen und auf der Pizza verteilen.

Den Büffelmozzarella und den Parmesan darauf verteilen und die Pizza 15–20 Minuten im Ofen backen. Noch heiß mit dem Majoranzweig dekorieren und servieren.

Sardinen auf marinierter Ofenpaprika mit Aioli

Für 4 Personen
Zubereitung: 1 Stunde, plus Zeit zum Marinieren

Für die Sardinen

24	frische kleine, küchenfertige Sardinen
100 ml	Olivenöl, plus Olivenöl zum Braten
1 EL	gehackte Rosmarinnadeln
1 EL	gehackter Thymian
etwas	Zitronensaft
	Meersalz

Für die Ofenpaprika

5	rote Paprika
1 TL	Balsamico
1 EL	Olivenöl
1 EL	Orangensaft
1 EL	gehackte glatte Petersilie
	Salz
	frisch gemahlener schwarzer Pfeffer

Für das Aioli

5	Knoblauchzehen, geschält
½ TL	Meersalz
1	Eigelb
2	Scheiben Weißbrot ohne Rinde, in Milch eingeweicht
250 ml	Olivenöl
etwas	Zitronensaft

Die Sardinen von innen und außen waschen und mit einem Küchentuch trocken tupfen. In einer Schüssel Olivenöl, Kräuter, Zitronensaft und Meersalz gut verrühren und die Sardinen darin 24 Stunden marinieren. In einer Pfanne etwas Olivenöl bei mittlerer Temperatur erhitzen und die Sardinen darin 5–6 Minuten braten.

Für die Ofenpaprika den Backofen auf 170 °C Umluft (190 °C Ober-/Unterhitze) vorheizen. Die Paprika auf einem Blech im Ofen garen, bis sie weich sind. Das Blech aus dem Ofen nehmen, die Paprika mit einem feuchten Tuch abdecken und etwas schwitzen lassen. Die Haut abziehen, die Paprika vierteln und entkernen. Dann mit den anderen Zutaten in einer Schüssel marinieren.

Für das Aioli den Knoblauch fein hacken, mit dem Meersalz, dem Eigelb und dem ausgedrückten Weißbrot in einem Mörser zu einer sämigen Paste verarbeiten. In eine Schüssel umfüllen und das Öl tropfenweise unterrühren, bis eine dickcremige Sauce entsteht. Mit etwas Zitronensaft abschmecken.

Lachs-Petersfisch-Roulade mit Tomaten-Ricotta-Ravioli

Für 4 Personen
Zubereitung: 1 Stunde 45 Minuten

Für die Lachs-Petersfisch-Rouladen

2	Zucchini
300 g	Lachsfilet
	Salz
100 ml	Sahne
2	Tomaten, enthäutet, entkernt und fein gewürfelt
200 g	Petersfischfilet
1	Zweig Thymian, gehackt
30 g	Butter, zerlassen

Für die Tomaten-Ricotta-Ravioli

200 g	Weizenmehl (Type 405)
3	Eigelb
1 EL	Olivenöl
	Salz
100 g	Ricotta
1 EL	Pinienkerne
einige	Basilikumblätter, in feine Streifen geschnitten
	Salz
	frisch gemahlener schwarzer Pfeffer
50 g	getrocknete Tomaten, gehackt

Für die Rouladen die Zucchini längs sehr dünn aufschneiden und jeweils fünf Scheiben überlappend nebeneinanderlegen.

Vom Lachsfilet 100 g in Würfel schneiden, salzen und mit der Sahne in der Küchenmaschine rasch zu einer homogenen Farce zerkleinern. Die Lachsfarce mit den Tomaten verrühren und dünn auf die Zucchinimatten streichen.

Das übrige Lachs- und Petersfischfilet in gleich große Streifen schneiden, nebeneinander auf die Zucchinimatten legen, mit Thymian bestreuen und stramm einrollen. Alufolienstücke auf der glänzenden Seite mit Butter bestreichen und die Rouladen einrollen. Im Wasserbad bei 80 °C 8–9 Minuten pochieren. Aus der Folie rollen und aufschneiden.

Für die Ravioli aus Mehl, zwei Eigelb, Olivenöl, etwas Wasser und Salz einen Nudelteig kneten. Mit der Nudelmaschine dünn zu zwei Teigplatten ausrollen.

Ricotta mit dem restlichen Eigelb, Pinienkernen, Basilikumstreifen, Salz und Pfeffer verrühren. Mit den Händen kleine Kugeln daraus formen und auf eine Nudelteigplatte legen. Die getrockneten Tomaten über die Kugeln streuen und alles mit der zweiten Teigplatte abdecken.

Die Ränder andrücken und mit einem Ausstecher Ravioli ausstechen. In Salzwasser bei 80 °C etwa 4 Minuten pochieren. Rouladen und Ravioli auf Teller verteilen. Dazu schmecken Fischsauce und Kohlrabigemüse (Rezepte siehe Seite 208).

Schnitzel vom Rotbarsch mit Bratkartoffeln und Remoulade

Für 4 Personen
Zubereitung: 45 Minuten

Für die Rotbarschschnitzel

2	Eigelb
etwas	Zitronensaft
	Salz
60 g	Weizenmehl (Type 405)
600 g	Rotbarschfilet
10	Toastbrotscheiben, fein gerieben
etwas	Pflanzenöl
etwas	Butter

Für die Bratkartoffeln

etwas	Pflanzenöl
600 g	kleine Kartoffeln, in der Schale gekocht, gepellt und in dünne Scheiben geschnitten
4	Schalotten, in Streifen geschnitten
1	Stange Lauch, in Streifen geschnitten
50 g	getrocknete Tomaten, über Nacht in Wasser eingeweicht und in Streifen geschnitten
1	Bund Schnittlauch, in feine Röllchen geschnitten
	Salz
	frisch gemahlener schwarzer Pfeffer
etwas	Butter, zerlassen

Für die Remoulade

3	Eigelb
20 g	Senf
300 ml	Traubenkernöl
etwas	Zitronensaft
100 g	Gewürzgurken, fein gewürfelt
einige	Kapern
einige	Sardellenfilets, gehackt
1	Ei, gekocht und gehackt
50 g	glatte Petersilie, gehackt
	Salz
	frisch gemahlener schwarzer Pfeffer

Für die Rotbarschschnitzel in einer Schüssel das Eigelb mit Zitronensaft und Salz mischen. Das Mehl auf einen Teller geben und die Fischfilets darin wenden, dann durch die Eimischung ziehen und mit den Brotbröseln panieren. In einer Pfanne Pflanzenöl und Butter bei mittlerer Temperatur erhitzen und die Filets darin etwa 5 Minuten goldgelb braten.

Für die Bratkartoffeln in einer Pfanne das Pflanzenöl bei mittlerer Temperatur erhitzen, die Kartoffeln dazugeben und anbraten. Haben die Kartoffeln etwas Farbe, die Schalotten dazugeben und mitbraten. Nach etwa 3 Minuten die Lauch- und Tomatenstreifen dazugeben und etwas Farbe nehmen lassen. Die Bratkartoffeln mit Schnittlauch, Salz und Pfeffer abschmecken und vor dem Anrichten mit etwas Butter glasieren.

Für die Remoulade in einer Schüssel zu Eigelb und Senf unter ständigem Rühren mit einem Schneebesen tropfenweise das Traubenkernöl geben. Alles zu einer homogenen Creme verrühren. Mit Zitronensaft, Gurken, Kapern, Sardellen, Ei und Petersilie abschmecken. Zum Schluss erst salzen und pfeffern.

Die Rotbarschschnitzel mit den Bratkartoffeln und der Remoulade servieren.

Crêpes-Torte mit Matjes und Apfel auf Roter Bete

Für 4 Personen
Zubereitung: 50 Minuten, plus Kühlzeit

Für die Crêpes-Torte

125 g	Weizenmehl (Type 405)
10 g	Zucker
2	Eier
1	Eigelb
50 ml	Sahne
250 ml	Milch
1 Prise	Salz
etwas	Butter

Für die Füllung

4	Äpfel
8	Schalotten, gewürfelt
etwas	Butter
	Saft von 2 Zitronen
1 EL	gehackter Dill
100 g	Crème fraîche
8	Matjesfilets

Für die Rote Bete

4	Rote Bete, geschält und gekocht
100 g	saure Sahne
etwas	Himbeeressig
	Salz
	frisch gemahlener schwarzer Pfeffer

Für die Crêpes alle Zutaten bis auf die Butter in einer Schüssel zu einem glatten Teig verrühren. In einer Pfanne Butter zerlassen und darin dünne Crêpes ausbacken.

Für die Füllung die Äpfel schälen, vierteln, entkernen und fein reiben. Die Raspeln ausdrücken und mit den Schalotten mischen. In einer Pfanne die Butter bei mittlerer Temperatur zerlassen und die Apfel-Schalotten-Mischung darin anschwenken. Mit Zitronensaft ablöschen, Dill und Crème fraîche unterheben. Die Matjesfilets fein hacken und mit der Apfelmischung verrühren.

Die Crêpes mit der Farce bestreichen und schichtweise in einen kleinen Tortenring einsetzen, mit einem Tupfer Farce abschließen. Etwa 2 Stunden kühl stellen.

Die Rote Bete in dünne Scheiben schneiden und auf Teller legen. In einer Schüssel die saure Sahne mit Himbeeressig, Salz und Pfeffer abschmecken. Die Crêpes-Torte auf der Roten Bete anrichten und die saure Sahne dazureichen.

Eingelegter Hering mit Sahnesauce und Pellkartoffeln

Für 4 Personen
Zubereitung: 35 Minuten,
plus 4–5 Tage zum Marinieren

Für den Hering

50 ml	Traubenkernöl
1	Gemüsezwiebel, in Streifen geschnitten
200 ml	Weißweinessig
100 ml	Weißwein
50 ml	Orangensaft
50 ml	Apfelsaft
2 EL	Gewürze (Pfefferkörner, Korianderkörner, Wacholderbeeren)
1	Lorbeerblatt
	Salz
etwas	Zucker
8	grüne Heringsfilets, gesäubert

Für die Sahnesauce

300 ml	Sahne
	Saft von einer ½ Zitrone
50 g	Zwiebel, gewürfelt
50 g	Gartengurke, gewürfelt
50 g	Apfel, gewürfelt
	Salz
	frisch gemahlener schwarzer Pfeffer
etwas	Zucker
etwas	Dill, Schnittlauch und krause Petersilie, fein gehackt

Für die Pellkartoffeln

500 g	Kartoffeln
etwas	Salz
etwas	Kümmel
etwas	Butter
etwas	krause Petersilie, gehackt

Für den Hering in einem Topf das Traubenkernöl erhitzen und die Zwiebelstreifen darin glasig werden lassen. Mit Weißweinessig, Weißwein, Orangensaft, Apfelsaft, 200 ml Wasser und den Gewürzen aufkochen und mit Salz und Zucker abschmecken. Nach Belieben mit etwas mehr Essig abschmecken.

Die Heringsfilets in eine Schüssel geben und mit dem heißen Essigsud bedecken. Kühl stellen und 4–5 Tage marinieren.

Für die Sauce die Sahne in eine Schüssel füllen und den Zitronensaft einrühren – dadurch dickt die Sahne an. Die Zwiebel-, Gurken- und Apfelwürfel in die Sahne geben und mit Salz, Pfeffer, Zucker und den Kräutern abschmecken. Den Hering aus der Marinade nehmen, würfeln und in die Sauce geben. Wahlweise auch ganz lassen und beim Anrichten mit der Sauce dekorieren.

Für die Pellkartoffeln die Kartoffeln ungeschält mit etwas Salz und Kümmel kochen, dann pellen. In einer Pfanne bei mittlerer Temperatur die Butter zerlassen. Die Petersilie zugeben und darin die Kartoffeln kurz schwenken. Zum Hering servieren.

Welsspieß im Kräutermantel auf Gemüsedinkel

Für 4 Personen
Zubereitung: 1 Stunde 10 Minuten

Für die Welsspieße

600 g	Welsfleisch, gewürfelt
4	Rosmarinzweige
etwas	Weizenmehl (Type 405)
etwas	Olivenöl
etwas	Butter
7	Eigelb
100 g	Kräuter (glatte Petersilie, Dill, Schnittlauch, Zitronenmelisse), gehackt
	Salz
	frisch gemahlener schwarzer Pfeffer
etwas	Sahne, geschlagen

Für den Gemüsedinkel

etwas	Olivenöl
1	Gemüsezwiebel, gewürfelt
200 g	Knollensellerie, Kohlrabi und Karotten, gewürfelt
300 g	Dinkel
750 ml	Gemüsebrühe
	Salz
	frisch gemahlener schwarzer Pfeffer
50 g	Butter
100 g	Parmesan, frisch gerieben

Für die Fischsauce

100 ml	Fischfond
200 ml	Sahne
etwas	Limettensaft
	Salz
	frisch gemahlener schwarzer Pfeffer

Für die Welsspieße den Backofen auf 200 °C Umluft (220 °C Ober-/Unterhitze) vorheizen. Das Welsfleisch auf die Rosmarinzweige aufspießen. Das Mehl auf einen Teller geben und die Spieße darin wenden. In einer Pfanne das Olivenöl und die Butter bei mittlerer Temperatur erhitzen und die Spieße darin anbraten.

In einer Schüssel das Eigelb mit den Kräutern vermengen, mit Salz und Pfeffer abschmecken und die Sahne unterheben. Auf die Spieße verteilen und diese 6–8 Minuten im Ofen garen.

Für den Gemüsedinkel in einem Topf das Olivenöl bei mittlerer Temperatur erhitzen und die Zwiebel- und Gemüsewürfel darin kurz anschwitzen. Den Dinkel zugeben und etwas mitschwitzen. Mit Brühe auffüllen und den Dinkel bei niedriger Temperatur in 40 Minuten weich garen. Mit Salz und Pfeffer abschmecken und vor dem Anrichten Butter und Parmesan unterheben.

Für die Fischsauce in einem kleinen Topf bei mittlerer Temperatur den Fischfond mit der Sahne aufkochen und mit Limettensaft, Salz und Pfeffer abschmecken.

Zandermaultaschen mit Gartengemüse

Für 4 Personen
Zubereitung: 50 Minuten

Für die Zandermaultaschen

400 g	Zanderfilet, in 20 Würfel geschnitten
1 EL	gehackter Dill
3 EL	grobkörniger Senf
1 TL	Limettensaft
	Salz
40	Wan-Tan-Blätter
2	Eigelb

Für das Gartengemüse

2	Kohlrabi
4	Karotten
16	kleine Kartoffeln
2	Zucchini
	Salz
etwas	Butter
3	Schalotten, gewürfelt
100 g	Crème fraîche
etwas	glatte Petersilie, gehackt
	frisch gemahlener schwarzer Pfeffer
	frisch geriebene Muskatnuss

Für die Zandermaultaschen in einer Schüssel die Zanderwürfel mit Dill, Senf, Limettensaft und Salz marinieren.

Die Wan-Tan-Blätter mit Eigelb bestreichen und jeweils einen Zanderwürfel auflegen. Mit einem Wan-Tan-Blatt abdecken und die Ränder gut festdrücken. Die Maultaschen in köchelndem Wasser 4–5 Minuten garen.

Für das Gartengemüse das Gemüse putzen, in Stücke schneiden und tournieren (mit Längsschnitten in Form bringen). In kochendem Salzwasser erst Kohlrabi, dann Karotten und Kartoffeln garen, kurz vor Ende der Garzeit die Zucchini zugeben und 2 Minuten mitkochen. Wenn das Gemüse gar ist, in Eiswasser abschrecken.

In einem Topf die Butter bei mittlerer Temperatur zerlassen. Die Schalotten darin glasig werden lassen, das Gemüse darin schwenken. Die Crème fraîche unterrühren und mit Petersilie, Salz, Pfeffer und Muskat abschmecken. Zum Servieren das Gartengemüse zu den Maultaschen dressieren.

Zander im Reibekuchenmantel mit Schmorgurken und Senfsauce

Für 4 Personen
Zubereitung: 45 Minuten

Für den Zander im Reibekuchenmantel

4	dicke Kartoffeln, geschält, fein gerieben und leicht ausgedrückt
50 g	Haferflocken
1	Schalotte, fein gewürfelt
2	Eigelb
	Salz
	frisch gemahlener schwarzer Pfeffer
4	Zanderfilets (je 100 g)
etwas	Traubenkernöl

Für die Schmorgurken

etwas	Butter
etwas	Pflanzenöl
1	Gemüsezwiebel, fein gewürfelt
2	Gartengurken, geschält, entkernt und in Streifen geschnitten
100 ml	Weißwein
etwas	Meersalz
1 EL	gehackter Dill

Für die Senfsauce

etwas	Butter
1	Schalotte, gewürfelt
3 EL	Dijonsenf
100 ml	Weißwein
100 g	Crème fraîche
	Salz
	frisch gemahlener schwarzer Pfeffer

Für den Zander im Reibekuchenmantel den Backofen auf 200 °C Umluft (220 °C Ober-/Unterhitze) vorheizen. In einer Schüssel die Kartoffeln mit Haferflocken, Schalotte, Eigelb, Salz und Pfeffer zu einer Farce mischen. Die Zanderfilets mit der Farce ummanteln, dabei noch etwas Feuchtigkeit ausdrücken. In einer Pfanne das Traubenkernöl bei mittlerer Temperatur erhitzen. Den Fisch darin goldgelb anbraten und im Ofen 6 Minuten weitergaren.

Für die Schmorgurken in einer Pfanne die Butter und das Pflanzenöl bei mittlerer Temperatur erhitzen. Die Zwiebelwürfel und die Gurkenstreifen leicht anbraten und mit Weißwein ablöschen. Mit Meersalz und Dill abschmecken.

Für die Senfsauce in einer Pfanne die Butter bei mittlerer Temperatur erhitzen. Die Schalotte darin glasig werden lassen. Den Senf dazugeben, mit Weißwein ablöschen und alles etwas einkochen lassen. Dann die Crème fraîche unterrühren und mit Salz und Pfeffer abschmecken. Zum Anrichten den Zander auf Schmorgurken platzieren und Senfsauce dazuservieren.

FLEISCH

Gute Fleischqualität beruht auf artgerechter Tierhaltung. Lieber weniger Fleisch, dafür aber welches von hoher Qualität verzehren! In Deutschland werden heute zum Glück wieder alte Rassen verstärkt gezüchtet und artgerecht gehalten, deren Fleisch konkurrenzlos gut ist.

Hähnchenbrust auf jungem Lauch mit Sherrycreme

Für 4 Personen
Zubereitung: 45 Minuten

Für die Hähnchenbrust

60 g	Weizenmehl (Type 405)
	Salz
	frisch gemahlener schwarzer Pfeffer
1 EL	gehackter Thymian
4	Hähnchenbrüste ohne Haut, mit Knochen
100 g	Sonnenblumenkerne
etwas	Butter
etwas	Olivenöl

Für den Lauch

2	dicke Kartoffeln
1	rote Paprika
4	kleine Stangen junger Lauch
etwas	Olivenöl
	Salz
	frisch geriebene Muskatnuss
½	Bund Schnittlauch, in feine Röllchen geschnitten
etwas	Butter

Für die Sherrycreme

100 ml	Sherry (medium dry)
200 ml	Geflügelfond
100 g	Crème fraîche
	Salz
	frisch gemahlener schwarzer Pfeffer

Für die Hähnchenbrust den Backofen auf 200 °C Umluft (220 °C Ober-/Unterhitze) vorheizen. Das Mehl mit etwas Wasser sämig anrühren und mit Salz, Pfeffer und Thymian würzen. Die Oberseite der Hähnchenbrüste mit dem würzigen Mehlbrei bestreichen, die Sonnenblumenkerne darauf verteilen und Butterflocken daraufsetzen.

In einer ofenfesten Pfanne das Olivenöl bei mittlerer Temperatur erhitzen, die Brüste mit der Unterseite in die Pfanne legen, kurz anbraten und 10–12 Minuten im Ofen garen.

Für den Lauch die Kartoffeln schälen, die Paprika putzen und beides fein würfeln. Den Lauch putzen und in kleine Stücke schneiden.

In einer Pfanne bei mittlerer Temperatur das Olivenöl erhitzen. Die Kartoffeln darin anbraten, bis sie ein wenig Farbe haben, dann die Paprika dazugeben und etwas später den Lauch. Mit Salz, Muskat, Schnittlauch und Butter abschmecken.

Für die Sherrycreme in einem Topf den Sherry erhitzen und auf etwa 30 ml reduzieren. Den Geflügelfond dazugeben, etwas einkochen und die Crème fraîche unterrühren. Alles leicht aufkochen und mit Salz und Pfeffer abschmecken.

Das Lauchgemüse auf Teller anrichten. Die Hähnchenbrüste darauf setzen und mit der Sherrycreme servieren.

Hähnchenbrust im Feldsalat mit warmem Kartoffeldressing

Für 4 Personen
Zubereitungszeit: 35 Minuten

Für die Hähnchenbrust

4	Hähnchenbrüste (je 120 g)
	Salz
	frisch gemahlener schwarzer Pfeffer
etwas	Traubenkernöl
50 g	Butter
20 g	Pinienkerne

Für das Kartoffeldressing

4	Schalotten, fein gewürfelt
50 g	Speck, fein gewürfelt
50 ml	Olivenöl, plus Olivenöl zum Braten
50 ml	Weißweinessig
etwas	Senf
50 ml	Erdnussöl
50 ml	Traubenkernöl
100 ml	Gemüsebrühe
100 g	Kartoffeln, gekocht und geschält
	Salz
	frisch gemahlener schwarzer Pfeffer
etwas	glatte Petersilie, fein gehackt
etwas	Schnittlauch, in feine Röllchen geschnitten

Für den Feldsalat

500 g	Feldsalat, gut gewaschen

Die Hähnchenbrüste in breite Streifen schneiden und mit Salz und Pfeffer würzen.

Das Traubenkernöl und die Butter bei mittlerer Temperatur in einer Pfanne erhitzen, die Pinienkerne einstreuen und kurz anrösten. Die Hähnchenbruststreifen dazugeben und schonend 4–5 Minuten braten, damit sie schön saftig bleiben.

Für das Dressing die Schalotten und den Speck in einer Pfanne mit etwas Olivenöl kross anbraten. Mit dem Weißweinessig ablöschen, den Senf dazugeben und mit den Ölen und der Brühe auffüllen. Die Kartoffeln dazupressen und das Dressing mit Salz und Pfeffer abschmecken. Petersilie und Schnittlauch ebenfalls zugeben. Den Feldsalat auf je einem Teller anrichten, die Hähnchenbruststreifen daraufgeben und mit dem warmen Dressing servieren.

Pochierte und gebratene Hähnchenbrust mit Gemüse-Safran-Reis

Für 4 Personen
Zubereitung: 1 Stunde 10 Minuten

Für die Hähnchenbrust

500 ml	Hühnerbrühe
½	rote Chilischote, fein gehackt
½	Knoblauchzehe, fein gehackt
	frisch gemahlener schwarzer Pfeffer
etwas	abgeriebene Schale einer unbehandelten Limette
etwas	abgeriebene Schale einer unbehandelten Orange
	Salz
4	Hähnchenbrüste

Für die gebratene Hähnchenbrust

etwas	Olivenöl
4	Hähnchenbrüste
	Salz
	frisch gemahlener schwarzer Pfeffer
½ TL	getrockneter Rosmarin
½ TL	getrockneter Thymian
etwas	Butter

Für den Gemüse-Safran-Reis

150 g	Basmatireis
1	Sternanis
1	Stange Zitronengras
etwas	gemahlener Safran
	Salz
etwas	Olivenöl
etwas	Butter
200 g	Gemüse (Karotte, Knollensellerie, Lauch, Steckrübe), sehr fein gestiftet
	Salz
	frisch gemahlener schwarzer Pfeffer
½	Bund Schnittlauch, fein geschnitten

Für die pochierte Hähnchenbrust in einem Topf alle Zutaten bis auf das Geflügel miteinander aufkochen, die Hähnchenbrüste hineingeben und 12–15 Minuten bei 80 °C pochieren.

Sind die Hähnchenbrüste gar, aus dem Fond nehmen, die Haut abziehen und das Fleisch mit etwas Salz würzen. Nach Belieben die Brust in Streifen schneiden oder ganz servieren.

Für die gebratene Hähnchenbrust in einer Pfanne das Olivenöl bei mittlerer Temperatur erhitzen. Die Hähnchenbrüste mit Salz und Pfeffer würzen, im heißen Öl kross anbraten und dann 10–12 Minuten bei mittlerer Temperatur weitergaren.

Nach 5 Minuten die Kräuter und die Butter in die Pfanne geben und die Hähnchenbrüste immer wieder mit dem Bratensaft beträufeln.

Den Reis mit 300 ml Wasser, Sternanis, Zitronengras, Safran und Salz aufkochen. Bei geschlossenem Deckel 10 Minuten ziehen lassen, bis der Reis die Flüssigkeit aufgenommen hat. Dann Zitronengras und Sternanis entfernen.

In einer Pfanne das Olivenöl und die Butter bei mittlerer Temperatur erhitzen. Die Gemüsestreifen in die Pfanne geben und 2 Minuten unter Schwenken garen. Bei Bedarf mit etwas Wasser ablöschen. Mit Salz, Pfeffer und Schnittlauch abschmecken. Zum Servieren Gemüse und Hähnchenbrust auf einem Reisbett anrichten.

Cordon bleu vom Maishähnchen mit Römersalat

Für 4 Personen
Zubereitung: 45 Minuten

Für das Cordon bleu

100 g	getrocknete Tomaten aus dem Glas
½	Bund krause Petersilie, gehackt
20	schwarze Oliven ohne Stein
20 g	Pinienkerne, geröstet
4	Maishähnchenbrüste
4	Scheiben gekochter Schinken (möglichst Crudo)
4	Scheiben Emmentaler (alternativ Mozzarella)
2	Eigelb
100 ml	Sahne
	Salz
	frisch gemahlener schwarzer Pfeffer
60 g	Weizenmehl (Type 405)
100 g	frisches Weißbrot, gerieben
50 ml	Olivenöl
etwas	Butter

Für den Römersalat

2 Köpfe	Römersalat, geputzt und in feine Streifen geschnitten
etwas	Olivenöl
etwas	Zitronensaft
	Salz
	frisch gemahlener schwarzer Pfeffer
100 g	Naturjoghurt

Für das Cordon bleu die Tomaten mit der Petersilie, den Oliven und den Pinienkernen in einer Küchenmaschine zu einer feinen Paste mixen.

Die Hähnchenbrüste von Haut und Knochen befreien. Mit einem Messer in jede Brust eine Tasche schneiden. Jeweils eine Scheibe Schinken und Käse zusammenfalten und mit der Paste die Hähnchenbrüste füllen. Mit Zahnstochern fixieren.

In einer Schüssel Eigelb und Sahne verrühren, mit Salz und Pfeffer würzen. Mehl und Weißbrotbrösel jeweils in einen tiefen Teller füllen. Die Hähnchenbrüste in Mehl wenden, durch die Eimischung ziehen und mit Weißbrot panieren. In einer Pfanne das Olivenöl bei mittlerer Temperatur erhitzen und die Cordons bleus darin insgesamt 10–12 Minuten von beiden Seiten braten. Kurz herausnehmen, die Butter in der Pfanne zerlassen und das Fleisch darin nachbraten.

Den Römersalat mit Olivenöl, Zitronensaft, Salz und Pfeffer marinieren. Den Naturjoghurt unterrühren und nochmals mit Zitronensaft, Salz und Pfeffer abschmecken.

Blankett von der Poularde mit Erbsen und Paprika

Für 4 Personen
Zubereitung: 40 Minuten

Für die Paprika

je 1	rote, grüne und gelbe Paprika
etwas	Olivenöl
1	Knoblauchzehe, gehackt
einige	Rosmarinnadeln, gehackt
etwas	Thymian, gehackt
	Salz
	frisch gemahlener schwarzer Pfeffer

Für die Blankett von der Poularde

500 ml	Geflügelbrühe
4	Poulardenbrüste, in mundgerechte Würfel geschnitten
etwas	Butter (alternativ Olivenöl)
1	Gemüsezwiebel, fein gewürfelt
50 ml	Weißwein
100 g	frische Erbsen (alternativ TK-Erbsen)
	Salz
	frisch gemahlener schwarzer Pfeffer
	frisch geriebene Muskatnuss
2	Eigelb
200 ml	Sahne
etwas	glatte Petersilie, gehackt

Die Paprika putzen, vierteln und entkernen. In einer Pfanne das Olivenöl bei mittlerer Temperatur erhitzen und die Paprika mit dem Knoblauch darin etwa 6 Minuten braten. Mit Rosmarin, Thymian, Salz und Pfeffer abschmecken.

Für die Blankett in einem Topf 400 ml Geflügelbrühe einmal kurz aufkochen und die Poulardenbrustwürfel darin 8–10 Minuten leicht unter dem Siedepunkt garen.

In einer Pfanne die Butter bei mittlerer Temperatur zerlassen und die Zwiebelwürfel darin glasig werden lassen. Mit Weißwein ablöschen, die restliche Geflügelbrühe aufgießen und alles etwas einkochen. Die Erbsen dazugeben und etwa 2 Minuten mitgaren. Mit Salz, Pfeffer und Muskat abschmecken.

Das Eigelb mit der Sahne verrühren und die Mischung mit einem Schneebesen in die Sauce einrühren – die Sauce darf nicht mehr kochen. Die Geflügelwürfel aus dem heißen Fond nehmen, in die Sauce geben und mit gehackter Petersilie bestreut auf dem Paprikagemüse schnell servieren.

Außerdem passt zur Blankett Basmatireis, der im Verhältnis 2 Teile Wasser zu 1 Teil Reis mit 1 Prise Salz, 1 Lorbeerblatt und 1 Schuss Olivenöl gekocht wird.

Glasierte Putenleber in Johannisbeersauce mit Kohlrabisalat

Für 4 Personen
Zubereitung: 35 Minuten

Für die Putenleber

60 g	Weizenmehl (Type 405)
400 g	Putenleber
20 g	Butter
etwas	Traubenkernöl
2	Schalotten, gewürfelt
20 ml	Johannisbeerlikör
50 g	Johannisbeermark
100 ml	Geflügelfond
50 g	kalte Butter
	Salz
	frisch gemahlener schwarzer Pfeffer

Für den Kohlrabisalat

300 g	Kohlrabi, geschält
1	Apfel, geschält, plus ein paar dünne Apfelscheiben
50 ml	Traubenkernöl
20 ml	Haselnussöl
½ EL	Apfelessig
	Salz
	frisch gemahlener Pfeffer
etwas	Radicchio, Rucola und Friséesalat, zerzupft
½	Bund Schnittlauch, in feine Röllchen geschnitten

Für die Putenleber das Mehl auf einen Teller geben und die Leber darin wenden. In einer Pfanne die Butter zerlassen und das Traubenkernöl zugeben. Die Leber zusammen mit den Schalotten darin 6–8 Minuten anbraten. Die Leber aus der Pfanne nehmen und in Alufolie warm halten.

Das Fett aus der Pfanne abgießen und mit Johannisbeerlikör ablöschen. Johannisbeermark und Geflügelfond zugeben und kurz aufkochen. Die kalte Butter stückweise einrühren und die Sauce damit binden. Mit Salz und Pfeffer abschmecken. Die Leber dazugeben und in der Sauce erwärmen.

Für den Salat den Kohlrabi und den Apfel reiben und in eine Schüssel geben. Die Öle, Essig, Salz und Pfeffer dazugeben und alles sehr gut miteinander durchkneten. Eventuell nochmals abschmecken. Zum Servieren die Blattsalate auf Tellern anrichten, den Kohlrabisalat daraufsetzen und je eine Scheibe Putenleber auflegen. Mit Apfelscheiben und Schnittlauch garnieren und etwas Sauce dazu geben.

Entenbrust in Grissinikruste mit Ratatouille und Parmesan-Polenta

Für 4 Personen
Zubereitung: 55 Minuten,
plus Zeit zum Kühlen und Quellen

Für die Entenbrust

etwas	Olivenöl
3	Schalotten, gewürfelt
250 g	Butter
150 g	Toastbrot, gerieben
200 g	Grissini, gerieben
	Salz
	frisch gemahlener schwarzer Pfeffer
½ EL	gehackter Thymian
4	Entenbrüste (von weiblichen Enten)

Für die Ratatouille

etwas	Olivenöl
1	Gemüsezwiebel, gewürfelt
2	rote Paprika, geputzt, entkernt und gewürfelt
1	Aubergine, gewürfelt
1	Zucchini, gewürfelt
3 EL	Tomatenmark
1 Prise	Zucker
50 ml	Balsamico
100 ml	passierte Tomaten aus dem Glas
einige	Rosmarinnadeln, gehackt
etwas	Thymian, gehackt
1	Knoblauchzehe, zerdrückt
	Salz
	frisch gemahlener schwarzer Pfeffer

Für die Parmesan-Polenta

500 ml	Milch
etwas	Butter
etwas	Olivenöl
	Salz
	frisch gemahlener schwarzer Pfeffer
	frisch geriebene Muskatnuss
125 g	Maisgrieß
etwas	frisch geriebener Parmesan

Für die Entenbrust in einer Pfanne das Olivenöl bei mittlerer Temperatur erhitzen und die Schalottenwürfel darin anschwitzen. Die Butter zugeben, mit den Toast- und Grissinibröseln abbinden. Mit Salz, Pfeffer und Thymian würzen und 1 Stunde kühlen.

Den Backofen auf 200 °C Umluft (220 °C Ober-/Unterhitze) vorheizen. Die Entenbrüste salzen und mit der Krustenmasse bestreichen. 8–10 Minuten backen, vor dem Anschneiden 2–3 Minuten ruhen lassen. Dazu schmeckt ein reduzierter dunkler Fleischfond.

Für die Ratatouille in einem Topf das Olivenöl bei mittlerer Temperatur erhitzen. Das Gemüse darin anschwitzen. Tomatenmark und Zucker dazugeben und anrösten. Mit Balsamico ablöschen und die Flüssigkeit etwas reduzieren. Die passierten Tomaten dazugeben und mit Kräutern, Knoblauch, Salz und Pfeffer abschmecken.

Für die Polenta in einem Topf die Milch mit der Butter, dem Olivenöl, Salz, Pfeffer und Muskat aufkochen. Den Maisgrieß einrühren und bei niedriger Temperatur 5 Minuten quellen lassen. Auf ein Blech streichen, erkalten lassen und nach Belieben schneiden oder ausstechen. Den Backofen auf 200 °C Umluft (220 °C Ober-/Unterhitze) vorheizen. Die Polenta mit geriebenem Parmesan bestreuen und 5 Minuten im Ofen überbacken.

Entenbrust mit Zimtgrieß

Für 4 Personen
Zubereitung: 45 Minuten

Für die Entenbrust

etwas	Traubenkernöl
2	Schalotten, fein gewürfelt
100 g	Butter
100 g	Pumpernickel
50 g	Rosinen
	Salz
	frisch gemahlener schwarzer Pfeffer
etwas	Majoran, gehackt
4	Entenbrüste (von weiblichen Enten)

Für die Rote Bete

500 g	Rote Bete, gekocht
20 g	Butter
2	Schalotten, gewürfelt
200 ml	Sahne
20 ml	Himbeeressig
½	Bund Schnittlauch, in feine Röllchen geschnitten
	Salz
	frisch gemahlener schwarzer Pfeffer

Für den Zimtgrieß

50 g	Butter
4	Schalotten, fein gewürfelt
1	Apfel, fein gewürfelt
½ TL	gemahlener Zimt
	Meersalz
500 ml	Milch
1	Zimtstange
½ TL	abgeriebene Schale einer unbehandelten Orange
65 g	Grieß

Für die Entenbrust in einer Pfanne Traubenkernöl bei mittlerer Temperatur erhitzen und die Schalotten darin glasig werden lassen. Die Butter dazugeben und zerlassen. Pumpernickel und Rosinen im Mixer fein zerkleinern und damit die Schalottenbutter binden. Mit Salz, Pfeffer und Majoran abschmecken.

In die Entenbrüste jeweils eine Tasche schneiden und mit der Pumpernickelmischung füllen.

Den Backofen auf 180 °C Umluft (200 °C Ober-/Unterhitze) vorheizen. In einem ofenfesten Bräter Traubenkernöl erhitzen und das Fleisch auf der Hautseite kross anbraten. Dann wenden und 8–10 Minuten im Ofen fertig garen.

Die Rote Bete in Stifte schneiden. In einer Pfanne bei mittlerer Temperatur die Butter zerlassen und die Schalotten darin glasig werden lassen. Die Rote Bete zugeben und kurz mitschwitzen. Mit Sahne auffüllen und alles leicht einkochen lassen. Mit Himbeeressig, Schnittlauch, Salz und Pfeffer abschmecken.

Für den Zimtgrieß in einem Topf die Butter zerlassen. Die Schalotten- und Apfelwürfel darin glasig werden lassen, dann mit dem Zimt bestauben und mit Meersalz bestreuen.

Mit Milch auffüllen, Zimtstange und Orangenschale dazugeben. Aufkochen, Grieß einrühren und 5 Minuten quellen lassen. Die Zimtstange entfernen und den Grieß mit der Roten Bete zur Entenbrust servieren.

Entenschaschlik mit Avocados und Süßkartoffeln

Für 4 Personen
Zubereitung: 1 Stunde 10 Minuten

Für das Entenschaschlik

400 g	Entenbrust, in walnussgroße Würfel geschnitten
1	rote Paprika, geputzt, entkernt und in Stücke geschnitten
½	Gemüsezwiebel, in Scheiben geschnitten
4	Holzspieße, geölt
	Salz
	frisch gemahlener schwarzer Pfeffer
etwas	Olivenöl
1	Gemüsezwiebel, in feine Würfel geschnitten
1	Knoblauchzehe, fein gehackt
etwas	Paprikapulver
etwas	Currypulver
100 ml	Hühnerbrühe
400 ml	Tomatensaft
1 EL	Speisestärke, mit Wasser angerührt

Für die Avocados

etwas	Erdnussöl
5	Schalotten, in Streifen geschnitten
50 g	ungesalzene Erdnüsse
2	Avocados, gewürfelt und mit etwas Zitronensaft mariniert
	Salz
	frisch gemahlener schwarzer Pfeffer

Für die Süßkartoffeln

200 g	Süßkartoffeln, geschält und in Scheiben geschnitten
50 g	Weizenmehl (Type 405)
etwas	Olivenöl
	Salz

Für das Entenschaschlik die Entenbrustwürfel abwechselnd mit den Paprikastücken und Zwiebelscheiben auf die Holzspieße stecken. Mit Salz und Pfeffer würzen. In einer Pfanne Olivenöl bei hoher Temperatur erhitzen und die Spieße darin scharf anbraten. Spieße aus der Pfanne nehmen und beiseitestellen.

In der Pfanne Olivenöl bei mittlerer Temperatur erhitzen. Die Zwiebelwürfel und den Knoblauch darin glasig werden lassen. Mit Paprika- und Currypulver bestauben und leicht anrösten, bis die Gewürze anfangen zu duften. Mit Hühnerbrühe und Tomatensaft auffüllen und alles aufkochen. Mit Salz abschmecken. Das Entenschaschlik in die Sauce geben und bei niedriger Temperatur garen.

Nach etwa 30 Minuten mit einem Zahnstocher in das Entenfleisch stechen. Ist das Fleisch weich, die Spieße aus der Sauce nehmen und warm stellen. Die Sauce mit angerührter Speisestärke abbinden und beim Anrichten über die Schaschlikspieße gießen.

Für die Avocados in einer Pfanne das Erdnussöl bei mittlerer Temperatur erhitzen. Die Schalottenstreifen mit den Erdnüssen zugeben, die Schalotten darin glasig werden lassen. Die Avocadowürfel zugeben und nur vorsichtig anschwenken, damit die Avocado nicht zu weich wird. Mit Salz und Pfeffer abschmecken.

Die Süßkartoffelscheiben mit Mehl bestauben. In einer Pfanne das Olivenöl erhitzen und die Kartoffeln darin gar braten, mit Salz würzen.

Brust von der Martinsgans mit Serviettenknödeln und Orangensauce

Für 4 Personen
Zubereitung: 1 Stunde 50 Minuten

Für die Martinsgans

2	Gemüsezwiebeln
1	Apfel
1	Orange
1	Zimtstange
2	Sternanis
6	Wacholderbeeren
3–4	Gänsebrüste
	Salz
	frisch gemahlener schwarzer Pfeffer

Für die glasierten Maronen

40 g	Zucker
60 g	Butter
etwas	süßer Sherry
200 g	vorgekochte Maronen

Für das Gemüse

300 g	Rosenkohl, geputzt
3	Schalotten, gewürfelt
etwas	Butter
etwas	Traubenkernöl
	Salz
	frisch geriebene Muskatnuss

Für den Serviettenknödel

1	Bund Schnittlauch
5	Schalotten, gewürfelt
etwas	Butter
400 ml	Milch
	Salz
	frisch gemahlener Pfeffer
	frisch gemahlene Muskatnuss
500 g	trockenes Weißbrot oder Graubrot, in kleine Würfel geschnitten
6	Eier

Für die Orangensauce

100 ml	Orangensaft
400 ml	Geflügelfond (alternativ Schmorfond von den Gänsebrüsten)
1 EL	Speisestärke, in Flüssigkeit angerührt
2 cl	Orangenlikör
etwas	Honig
	Salz
	frisch gemahlener schwarzer Pfeffer
100 g	kalte Butter, gewürfelt

Für die Martinsgans den Backofen auf 150 °C Umluft (170 °C Ober-/Unterhitze) vorheizen. Zwiebeln, Apfel und Orange schälen und würfeln. Mit den Gewürzen in einen Topf geben. Die Gänsebrüste mit Salz und Pfeffer würzen und darauflegen. Mit Wasser auffüllen, sodass die Zutaten zu zwei Dritteln bedeckt sind. Die Gänsebrüste etwa 1 Stunde 30 Minuten im Ofen garen. Kurz vor dem Servieren die Ofentemperatur um 50 °C erhöhen, damit die Haut kross wird.

Für die glasierten Maronen in einer Pfanne Zucker, Butter und Sherry bei niedriger bis mittlerer Temperatur unter gelegentlichem Rühren erwärmen, bis die Mischung eine cremige Konsistenz hat. Nun die Maronen zugeben und unter ständigem Rühren glasieren.

Mit einem kleinen Messer die Blätter vom Rosenkohl ablösen. In einer Pfanne bei mittlerer Temperatur die Schalottenwürfel in Butter und Öl glasig werden lassen.

Die Rosenkohlblätter dazugeben und 2–3 Minuten durchschwenken, mit Salz und Muskatnuss würzen.

Für den Serviettenknödel den Schnittlauch in Röllchen schneiden und beiseitestellen. In einem Topf die Schalotten in zerlassener Butter glasig werden lassen. Die Milch zugießen, einmal aufkochen und würzen. Die Brotwürfel in eine Schüssel geben und mit der Milch übergießen, dann alles verkneten. Die Eier und den Schnittlauch in den noch warmen Teig einarbeiten. Den Teig zu einer 5 cm dicken Rolle formen, in Klarsichtfolie wickeln und diese an beiden Enden zubinden. In einem Topf mit Wasser bei 80 °C etwa 35 Minuten pochieren. Den Knödel aus der Folie rollen, in Scheiben schneiden und in einer Pfanne in Butter braten.

Für die Sauce in einem Topf den Orangensaft und Geflügelfond auf etwa 200 ml einkochen. Mit Speisestärke leicht abbinden und mit Orangenlikör, Honig, Salz und Pfeffer abschmecken. Mit einem Schneebesen nach und nach die Butter unterrühren. Die Sauce zur Gans, Maronen, Gemüse und Knödel reichen.

Tomatisierter Eintopf von weißen Bohnen mit Lardo

Für 4 Personen
Zubereitung: 30 Minuten, plus Zeit zum Einweichen

Für den Eintopf von weißen Bohnen mit Lardo

200 g	Cannellinibohnen
etwas	Olivenöl
1	Gemüsezwiebel, gewürfelt
2	Knoblauchzehen, in Scheiben geschnitten
3	Zweige Thymian
2	Lorbeerblätter
	Meersalz
5	Schalotten, in Streifen geschnitten
2	Knoblauchzehen, gehackt
1	Aubergine, gründlich geschält und gewürfelt
1	Zucchini, gründlich geschält und gewürfelt
je 1	rote und gelbe Paprika, geputzt, entkernt und gewürfelt
20	Champignons, gewürfelt
5 EL	Tomatenmark
etwas	dunkler Balsamico
1,5 l	Rinderbrühe
einige	Kräuter (Rosmarin, Thymian, Salbei, Petersilie), gehackt
	Salz
	frisch gemahlener schwarzer Pfeffer
	abgeriebene Schale einer unbehandelten Zitrone
8	Scheiben Lardo (aromatischer italienischer Speck)

Für den Eintopf in einer Schüssel die Cannellinibohnen über Nacht in Wasser einweichen. In einem Topf Olivenöl bei mittlerer Temperatur erhitzen. Die Zwiebelwürfel und die Knoblauchscheiben darin glasig werden lassen. Die Bohnen abtropfen, dazugeben und alles mit Wasser auffüllen. Thymian und Lorbeer dazugeben und aufkochen, dann leicht sieden lassen. Sobald die Bohnen weich sind, mit Meersalz abschmecken.

In einem Topf Olivenöl bei mittlerer Temperatur erhitzen. Schalotten, Knoblauch und das Gemüse kurz darin anschwitzen. Das Tomatenmark dazugeben, mit Balsamico ablöschen und mit der Brühe auffüllen. Aufkochen, die Bohnen dazugeben und mit Kräutern, Salz, Pfeffer und Zitronenabrieb abschmecken.

Den Eintopf in tiefe Teller füllen und mit jeweils zwei Scheiben Lardo belegen.

Klarer Linseneintopf mit Mettmaultaschen und krossem Speck

Für 4 Personen
Zubereitung: 45 Minuten

Für den Linseneintopf

250 g	grüne Linsen, einige Stunden in Wasser eingeweicht
	Salz
1 EL	Essig
4	Lorbeerblätter
1	Knoblauchzehe, gehackt
etwas	Pflanzenöl
300 g	Gemüsewürfel (Knollensellerie, Karotte, Zwiebel, Lauch)
1,2 l	Rinderbrühe
50 g	Petersilie, gehackt
100 g	Tomaten, enthäutet, entkernt und gewürfelt
etwas	dunkler Balsamico
	frisch gemahlener schwarzer Pfeffer

Für die Mettmaultaschen

300 g	Schweinemett
1	Bund Schnittlauch, fein geschnitten
50 g	Sonnenblumenkerne, geröstet
1 EL	Senf
20–25	Wan-Tan-Blätter (aus dem Asiashop)
2	Eigelb
8–12	Scheiben Speck

Für den Linseneintopf die Linsen abgießen, dann in einem Topf mit Wasser, Salz, Essig, Lorbeer und Knoblauch bei niedriger Temperatur kochen, bis sie gar sind, aber noch Biss haben.

In einem weiteren Topf das Pflanzenöl bei mittlerer Temperatur erhitzen und die Gemüsewürfel darin anschwitzen. Mit Brühe auffüllen und alles aufkochen.

Die Linsen dazugeben und die Temperatur reduzieren, damit die Linsen nicht aufquellen und die Suppe eintrüben. Petersilie und Tomatenwürfel unterheben, mit Balsamico, Salz und Pfeffer abschmecken.

Für die Mettmaultaschen das Schweinemett mit dem Schnittlauch, den Sonnenblumenkernen und dem Senf gut vermischen und aus dem Teig kleine Bällchen formen. Die Wan-Tan-Blätter mit Eigelb bestreichen, jeweils etwas von dem Mett auflegen und die Blätter zu Dreiecken zusammenfalten. Die Ränder gut andrücken, damit kein Wasser in die Maultaschen kommt. Die Maultaschen in reichlich Salzwasser kurz aufkochen und 5 Minuten ziehen lassen. In einer Pfanne den Speck kross auslassen und mit Eintopf und Maultaschen anrichten.

Kartoffelsuppe mit Lauch, Champignons und krossem Speck

Für 4 Personen
Zubereitung: 55 Minuten

Für die Kartoffelsuppe

100 g	Butter
300 g	mehligkochende Kartoffeln, geschält und gewürfelt
100 g	Lauch, in Scheiben geschnitten
8	Schalotten, in Streifen geschnitten
100 ml	Weißwein
	Salz
	frisch gemahlener schwarzer Pfeffer
800 ml	Gemüsebrühe
200 g	saure Sahne
	Saft von ½ Zitrone
	frisch geriebene Muskatnuss

Für die Einlage

50 ml	Traubenkernöl
200 g	Kartoffeln, geschält und fein gewürfelt
	Salz
etwas	Schnittlauch, in Röllchen geschnitten
etwas	glatte Petersilie, gehackt
1	Stange Lauch
etwas	Butter, zerlassen
	Salz
8	Scheiben Speck
4	Champignons, geviertelt

Für die Kartoffelsuppe in einem Topf die Butter bei mittlerer Temperatur zerlassen. Kartoffelwürfel, Lauch und Schalotten in den Topf geben und anschwitzen. Mit Weißwein ablöschen, etwas salzen und pfeffern. Die Brühe angießen und die Kartoffeln bei niedriger Temperatur garen, bis sie weich sind.

Die Suppe in einen Mixer geben und mit der sauren Sahne fein mixen. In einen Topf passieren und mit Zitronensaft, Salz, Pfeffer und Muskat würzen.

Für die Einlage in einer Pfanne das Traubenkernöl bei mittlerer Temperatur erhitzen. Die Kartoffelwürfel dazugeben und kross braten, mit Salz und Kräutern abschmecken. In der Mitte eines tiefen Tellers anhäufeln.

Den Lauch putzen und in Ringe schneiden. Die Ringe mit Butter beträufeln, etwas salzen und in einem Topf mit Dampfeinsatz über Wasserdampf garen. In einer Pfanne den Speck kross braten, die Champignons mit in der Pfanne braten. Die krossen Speckscheiben über Kreuz auf die Kartoffeln legen. Die Champignons und die Lauchringe um die Kartoffeln dekorieren. Die heiße Suppe in die Teller gießen, die Dekoration sollte noch zu sehen sein.

Eintopf von Schälerbsen mit grünem Erbsenschaum

Für 4 Personen
Zubereitung: 1 Stunde 30 Minuten

Für den Eintopf von Schälerbsen

50 ml	Traubenkernöl
100 g	Speck, fein gewürfelt
100 g	Gemüsezwiebeln, fein gewürfelt
100 g	Karotten, fein gewürfelt
100 g	Knollensellerie, fein gewürfelt
100 g	Kartoffeln, fein gewürfelt
500 g	grüne Schälerbsen
1,5 l	Geflügelbrühe
200 g	Mettwurst, in dünne Scheiben geschnitten
200 g	Kasseler, in Würfel geschnitten
etwas	getrockneter Liebstöckel
	Salz
	frisch gemahlener schwarzer Pfeffer

Für den Erbsenschaum

300 g	Erbsen (TK)
100 ml	Geflügelbrühe
100 ml	Sahne
	Salz
	frisch gemahlener Pfeffer
	frisch geriebene Muskatnuss
8	Scheiben Pancetta (würziger italienischer Speck)

Für den Eintopf in einem Topf das Traubenkernöl bei hoher Temperatur erhitzen und die Speckwürfel darin kross auslassen.

Die Gemüse- und Kartoffelwürfel sowie die Schälerbsen dazugeben, kurz mitrösten und dann mit der Brühe auffüllen. Köcheln lassen und nach 30 Minuten die Mettwurst und das Kassler zugeben, mit Liebstöckel abschmecken. Weitere 30 Minuten oder so lange garen, bis die Erbsen weich sind. Mit Salz und Pfeffer abschmecken.

Für den Erbsenschaum die grünen Erbsen etwas antauen lassen und in einem Mixer mit der kalten Brühe sehr fein mixen. Das Püree durch ein feines Sieb in einen Topf passieren. Die Sahne dazugeben und mit Salz, Pfeffer sowie Muskat abschmecken.

Die Schaummasse vor dem Servieren kurz aufkochen, mit einem Stabmixer aufschäumen und auf den Erbseneintopf geben. Die Pancetta in einer Pfanne zu krossen Chips braten und auf den Schaum legen. Schnell servieren, bevor der Schaum zusammenfällt.

Frische Nudeln mit Bolognese

Für 4 Personen
Zubereitung: 1 Stunde 20 Minuten

Für die Nudeln

1	Portion Nudelteig (siehe Seite 209)

Für die Bolognese

50 ml	Olivenöl
100 g	Karotten, in feine Würfel geschnitten
100 g	Stangensellerie, in feine Würfel geschnitten
300 g	Gemüsezwiebel, in feine Würfel geschnitten
2	Knoblauchzehen, fein gewürfelt
200 g	Parmaschinken, fein gewürfelt
500 g	gemischtes Rinder- und Schweinehackfleisch
50 g	Tomatenmark
50 g	Butter
700 g	Strauchtomaten, enthäutet, geviertelt und entkernt
700 g	Dosentomaten, geviertelt und entkernt
etwas	Zucker
	Salz
	frisch gemahlener schwarzer Pfeffer
500 ml	Rinderbrühe
50 g	krause Petersilie, gehackt

Für die Bolognese in einem Topf das Olivenöl bei mittlerer Temperatur erhitzen. Karotten-, Sellerie-, Zwiebel-, Knoblauch- und Parmaschinkenwürfel darin anschwitzen. Das Gehackte dazugeben und krümelig mitbraten. Nach etwa 5 Minuten das Tomatenmark und die Butter zugeben und alles miteinander braten. Nun die Tomaten dazugeben, mit Zucker, Salz und Pfeffer abschmecken. Mit der Rinderbrühe auffüllen und die Petersilie einrühren. Die Sauce etwa 1 Stunde bei leicht geöffnetem Deckel schmoren lassen.

Für die Nudeln kleine Portionen vom Nudelteig abnehmen und mit der Nudelmaschine erst lange Bahnen, dann die gewünschte Nudelform herstellen, zum Beispiel Bandnudeln.

In einem Topf reichlich Salzwasser zum Kochen bringen. Die Nudeln ins kochende Wasser geben und etwa 1 Minute kochen. Mit einem Schaumlöffel herausheben, abtropfen lassen und mit der Sauce anrichten. Dazu schmeckt frisch geriebener Parmesan.

Cannelloni mit Steinpilzfüllung

Für 4 Personen
Zubereitung: 50 Minuten, plus Ruhezeit

Für den Nudelteig

- 140 g Hartweizengrieß
- 140 g Weizenmehl (Type 405)
- 2 Eier
- 2 Eigelb

Für die Cannelloni-Füllung

- 30 g Butter, plus Butter für die Form
- 300 g Steinpilze, fein gewürfelt
- 1 Stange Lauch, gewürfelt
- 1 Knoblauchzehe, gehackt
- 150 g Spinat, geputzt
- 150 ml Sahne
- ½ Bund Schnittlauch, in feine Röllchen geschnitten
- Salz
- frisch geriebene Muskatnuss

Für die Sauce

- 100 g Speck, gewürfelt
- 400 ml Sahne
- 2 Eigelb
- 30 g Petersilie, gehackt
- 2 kleine Tomaten, enthäutet, entkernt und gewürfelt
- 50 g Parmesan, frisch gerieben

Für den Nudelteig alle Zutaten in einer Schüssel mischen und zu einem glatten Teig verkneten. Den Teig in Klarsichtfolie wickeln und 1 Stunde ruhen lassen. Aus dem Teig mit einer Nudelmaschine Teigplatten herstellen und diese auf die gewünschte Größe in Rechtecke schneiden.

In einem Topf Salzwasser aufkochen und die Teigplatten darin 1 Minute garen, dann auf ein feuchtes Küchentuch legen.

Für die Cannelloni-Füllung in einer Pfanne bei mittlerer Temperatur die Butter zerlassen. Pilze, Lauch und Knoblauch darin glasig werden lassen. Den Spinat dazugeben und alles kurz durchschwenken. Mit Sahne auffüllen, die Flüssigkeit leicht reduzieren lassen und mit Schnittlauch, Salz und Muskat abschmecken. Die Füllung auf die Nudelplatten geben und diese zu Cannelloni rollen.

Für die Sauce nun den Backofen auf 200 °C Umluft (220 °C Ober-/Unterhitze) vorheizen. In einer Pfanne ohne Fett bei hoher Temperatur den Speck kross anbraten, dann das Fett abgießen. Die Sahne zugeben und um ein Drittel reduzieren. Eigelb, Petersilie und Tomatenwürfel einrühren.

Die Cannelloni in eine gebutterte Form legen, mit der Sauce übergießen und mit Parmesan bestreuen. Im Ofen 12 Minuten goldgelb backen und in der Form servieren.

Gewürztartelettes mit Rotweinschalotten

Für 4 Personen
Zubereitung: 45 Minuten, plus Kühlzeit

Für die Gewürztartelettes

300 g	Weizenmehl (Type 405), plus Mehl für die Formen
150 g	weiche Butter, gewürfelt, plus Butter für die Formen
je ½ TL	getrockneter Majoran, gemahlener Zimt, gemahlener Ingwer
1 TL	Salz
	frisch gemahlener schwarzer Pfeffer
etwas	frisch geriebene Muskatnuss
1	Ei

Für die Rotweinschalotten

50 g	Speck, fein gewürfelt
300 g	Schalotten, in feine Streifen geschnitten
½ EL	Rohrzucker
200 ml	Rotwein
20 ml	Himbeeressig
etwas	Thymian, fein gehackt
	Salz
	frisch gemahlener schwarzer Pfeffer
3	Eier, verquirlt
1	Handvoll Pinienkerne
einige	Scheiben Lardo (fetter italienischer Speck)

Für die Gewürztartelettes das Mehl auf eine Arbeitsplatte sieben, eine Mulde in das Mehl drücken und die Butter hineingeben. Die Butter mit den Gewürzen bestauben, 4 EL Wasser darüberträufeln und zum Schluss das Ei zugeben.

Nach und nach alles in das Mehl einarbeiten. Den Teig dann schnell verkneten, damit er schön geschmeidig wird. Sollte der Teig noch etwas trocken sein, etwas mehr Wasser einarbeiten. Den Teig in Frischhaltefolie gewickelt 1 Stunde kühl stellen.

Den Backofen auf 160 °C Umluft (180 °C Ober-/Unterhitze) vorheizen. Den Teig aus dem Kühlschrank nehmen, Teigportionen abschneiden und dünn ausrollen. Tarteletteformen buttern und mit Mehl bestauben. Die Teigstücke in die Tartelletteförmchen legen, gut in die Formen drücken und mit einer Gabel einstechen. Im Ofen 10 Minuten vorbacken, herausnehmen, aber den Herd eingeschaltet lassen.

Für die Rotweinschalotten in einer Pfanne den Speck kross auslassen. Die Schalotten dazugeben und mitbraten. Die Schalotten mit dem Rohrzucker bestreuen und leicht karamellisieren lassen. Mit Rotwein und Essig ablöschen, mit Thymian, Salz und Pfeffer würzen und solange einkochen, bis der Fond verkocht ist.

Die Mischung in eine Schüssel geben und etwas abkühlen lassen. Die Eier unterarbeiten und die Mischung in die vorgebackenen Tartelettes füllen. Im Ofen 10 Minuten backen. Aus den Formen stürzen, mit Pinienkernen bestreuen. Zum Servieren jeweils eine Scheibe Lardo auflegen.

Mettwurst in Blätterteig mit glasiertem Wirsing und Majoransauce

Für 4 Personen
Zubereitung: 50 Minuten

Für die Mettwurst in Blätterteig

4	Blätterteigplatten
4	Wirsingblätter
	Salz
100 ml	Sahne
100 g	Hähnchenbrustfleisch, gewürfelt
1	Bund Schnittlauch, in feine Röllchen geschnitten
200 g	Mettwurst, gewürfelt
1	Apfel, geschält, entkernt und gewürfelt
1	Eigelb

Für den Wirsing

20 g	Butter
etwas	Olivenöl
1	Gemüsezwiebel, gewürfelt
500 g	Wirsing, in feine Streifen geschnitten
etwas	Gemüsebrühe
etwas	glatte Petersilie, gehackt
	Salz
	frisch gemahlener schwarzer Pfeffer
	frisch geriebene Muskatnuss

Für die Majoransauce

400 ml	Rinderfond
100 ml	Rotwein
	Salz
etwas	Majoran, gehackt

Für die Mettwurst in Blätterteig zunächst den Backofen auf 200 °C Umluft (220 °C Ober-/Unterhitze) vorheizen. Die Blätterteigplatten dünn ausrollen. Die Wirsingblätter kurz in kochendem Salzwasser blanchieren und in kaltem Wasser abschrecken. Trocken tupfen und den Strunk entfernen.

Aus der Sahne und dem Hähnchenfleisch in der Küchenmaschine eine homogene Farce mixen. In einer Schüssel mit den Schnittlauchröllchen, der Mettwurst und dem Apfel zu einer Füllung vermengen.

Von der Füllung jeweils 2 gute EL auf ein Wirsingblatt geben, das Blatt zusammenrollen, auf eine Blätterteigplatte legen und fest einschlagen. Die Päckchen mit Eigelb bestreichen und 12–15 Minuten im Ofen backen.

Für den Wirsing in einer Pfanne Butter und Olivenöl bei mittlerer Temperatur erhitzen und die Zwiebel darin anschwitzen. Die Wirsingstreifen dazugeben und 4–5 Minuten mitschwitzen. Bekommt der Wirsing zu viel Farbe oder wird trocken, mit etwas Gemüsebrühe ablöschen. Mit Petersilie, Salz, Pfeffer und Muskat gut abschmecken.

Für die Sauce in einem Topf bei mittlerer Temperatur den Rinderfond und den Rotwein auf 200 ml einkochen. Mit Salz und Majoran abschmecken. Wurst und Wirsing anrichten und die Sauce dazureichen.

Drei-Länder-Frikadellen

Für 4 Personen
Zubereitung: 25–30 Minuten

Für die Rinderfrikadellen aus Italien

etwas kalt gepresstes Olivenöl
3 Schalotten, fein gewürfelt
5 getrocknete Tomaten, fein gehackt
5 Scheiben Pancetta, in Streifen geschnitten
30 g Rucola, fein gehackt
400 g Rinderhackfleisch
3 Eigelb
100 g Ciabatta, in Wasser eingeweicht und gut ausgedrückt
Salz
frisch gemahlener schwarzer Pfeffer
etwas Parmesan, gehobelt

Für die Rinderhackfrikadellen aus Italien in einer beschichteten Pfanne Olivenöl bei mittlerer Temperatur erhitzen und darin die Schalotten, die getrockneten Tomaten und die Pancetta anschwitzen.

Den Rucola dazugeben, alles kurz schwenken und erkalten lassen. Die Mischung mit dem Rinderhackfleisch, dem Eigelb und der Ciabatta gut vermengen, mit Salz und Pfeffer abschmecken. Aus dem Teig Frikadellen formen und in einer beschichteten Pfanne in Olivenöl etwa 5 Minuten von jeder Seite braten. Die gebratenen Frikadellen mit gehobeltem Parmesan garnieren.

Für die Schweinehackfrikadellen aus Asien

3 Schalotten, fein gehackt
50 g Kokosflocken
1–2 cm frische Ingwerwurzel, fein gerieben
etwas kalt gepresstes Erdnussöl
1 TL Currypulver
400 g Schweinehackfleisch
3 Eigelb
100 g Mangofruchtfleisch, fein gewürfelt
Salz
50 g weiße und schwarze Sesamsaat

Für die Schweinehackfrikadellen aus Asien in einer beschichteten Pfanne die Schalotten, die Kokosflocken und den Ingwer in Erdnussöl anschwitzen. Mit Currypulver bestauben und leicht rösten, damit das Aroma des Currys freigesetzt wird. Die Pfanne vom Herd ziehen und die Mischung etwas abkühlen lassen.

Mit dem Schweinehackfleisch, dem Eigelb und den Mangowürfeln vermengen und mit Salz abschmecken. Die Sesamsaat auf einen Teller geben. Aus dem Teig Frikadellen formen und diese mit einer Seite in die Sesamsaat drücken. Die Frikadellen in einer beschichteten Pfanne in Erdnussöl etwa 5 Minuten von jeder Seite braten.

Für die Lammfrikadellen aus dem Orient

400 g	Lammhackfleisch (TK oder vom Metzger)
3	Eigelb
100 g	Fladenbrot, in Wasser eingeweicht und gut ausgedrückt
80 g	Feta, leicht zerbröckelt
10	schwarze Oliven ohne Stein, fein gehackt
1	Knoblauchzehe, fein gehackt
½ EL	fein gehackter Majoran
	Salz
	frisch gemahlener Pfeffer
etwas	kalt gepresstes Olivenöl

Für den Belag

etwas	Olivenöl
1	Gemüsezwiebel, in Ringe geschnitten
1 TL	Tomatenmark
	Salz
	frisch gemahlener schwarzer Pfeffer
½ EL	gehackter Thymian
½ EL	gehackte Petersilie

Für die Lammfrikadellen das Hackfleisch gut mit Eigelb, Fladenbrot, Feta, Oliven, Knoblauch und Majoran vermengen. Mit Salz und Pfeffer würzen und aus dem Teig Frikadellen formen. In einer beschichteten Pfanne das Olivenöl bei hoher Temperatur erhitzen und die Frikadellen darin bei mittlerer Temperatur etwa 5 Minuten von jeder Seite braten.

Für den Belag in einer Pfanne die Gemüsezwiebel in Olivenöl bei mittlerer Temperatur glasig werden lassen. Tomatenmark dazugeben, leicht anbraten und mit Salz, Pfeffer, Thymian und Petersilie abschmecken. Die Zwiebelmischung auf den gebratenen Lammfrikadellen anrichten.

Königsberger Klopse mit gebratenen Kapernäpfeln

Für 4 Personen
Zubereitung: 55 Minuten

Für die Königsberger Klopse

1	Brötchen
600 g	Hackfleisch halb und halb
etwas	Olivenöl
4	Schalotten, fein gewürfelt
3	Eier
½ TL	Senf
	Salz
	frisch gemahlener schwarzer Pfeffer
200 ml	Weißwein
1 l	Hühnerbrühe
einige	Lorbeerblätter
einige	Wacholderbeeren
100 g	saure Sahne
2	Eigelb
etwas	Zitronensaft
½	Bund glatte Petersilie, gehackt

Für die Kapernäpfel

50 g	Weizenmehl (Type 405)
24	Kapernäpfel aus dem Glas
etwas	Olivenöl
etwas	Butter

Für die Königsberger Klopse das Brötchen in Wasser einweichen, dann ausdrücken. Mit dem Hackfleisch in eine Schüssel geben. In einer kleinen Pfanne das Olivenöl bei mittlerer Temperatur erhitzen und die Schalotten darin glasig werden lassen. Schalotten und Eier zum Hackfleisch geben und mit Senf, Salz und Pfeffer würzen. Alles gut vermischen und Kugeln mit einem Durchmesser von 6 cm formen.

Weißwein und Hühnerbrühe in einen Topf geben. Die Gewürze in einem Mörser zerkleinern, in einen Teefilter geben und diesen mit einer Schnur verschließen. Den Gewürzbeutel in die Brühe geben und alles miteinander einmal aufkochen. Die Hackfleischkugeln in der heißen Gewürzbrühe etwa 10 Minuten sanft kochen. Die saure Sahne mit dem Eigelb mischen und unter Rühren in den Fond geben. Er darf nicht mehr kochen, da sonst die Ei-Sahne-Mischung gerinnt. Mit Salz, Pfeffer, Zitronensaft und Petersilie abschmecken.

Für die Kapernäpfel das Mehl auf einen Teller geben. Die Kapernäpfel darin wenden. In einer Pfanne das Olivenöl und die Butter bei mittlerer Temperatur erhitzen und die Kapernäpfel darin kurz anbraten.

Zu den Königsberger Klopsen passen als Beilage Salzkartoffeln oder Reis, als Gemüse eingelegte Rote Bete oder Essiggurken.

Frikadelle royal

Für 4 Personen
Zubereitung: 1 Stunde 30 Minuten

Für die Frikadellen royal

etwas	Butter, plus Butter für die Alufolie und zum Braten
etwas	Traubenkernöl
3	Schalotten, fein gewürfelt
300 g	Schweinefilet oder Hähnchenbrust, in kleine Würfel geschnitten
	Salz
	frisch gemahlener schwarzer Pfeffer
	frisch geriebene Muskatnuss
2	Eigelb
250 ml	kalte Sahne
etwas	Majoran, gehackt

Für den Spezialbelag

12	Kirschtomaten, enthäutet
etwas	Olivenöl
	Salz
	frisch gemahlener schwarzer Pfeffer
200 g	Crème fraîche, plus Crème fraîche zum Anrichten
1 EL	Limettensaft
etwas	gemahlener Safran
	Salz

Für die Schalotten

etwas	Olivenöl
5	Schalotten, in Streifen geschnitten
	Salz
	frisch gemahlener schwarzer Pfeffer
etwas	krause Petersilie, fein gehackt

Für die Frikadellen in einer Pfanne bei mittlerer Temperatur die Butter zerlassen und das Traubenkernöl zugeben. Die Schalotten darin glasig werden und erkalten lassen.

Das gewürfelte Fleisch mit Salz, Pfeffer und Muskat würzen und mit den kalten Schalotten mischen. Die Mischung in eine Küchenmaschine geben und sehr kurz pürieren. Das Eigelb und die Sahne zügig einmixen, sodass eine homogene Farce entsteht. Mit Majoran würzen.

Vier Alufolienblätter mit zerlassener Butter bestreichen und jeweils mit einem dicken Streifen der Farce bedecken – die Menge sollte der einer holländischen »Frikandel« entsprechen. Einrollen und in 80 °C warmem Wasser 15 Minuten garen. Die Frikadellen aus der Folie rollen und etwas trocken tupfen. In einer Pfanne in erhitzter Butter braten.

Für den Spezialbelag die Tomaten in sehr dünne Scheiben schneiden und mit den übrigen Zutaten marinieren.

Für die Schalotten in einer Pfanne das Olivenöl bei mittlerer Temperatur erhitzen und die Schalotten darin glasig werden lassen. Mit Salz, Pfeffer und Petersilie abschmecken.

Zum Anrichten die Frikadellen mit den Tomatenscheiben belegen, einen Streifen Crème fraîche über die Tomaten ziehen und mit Schalotten belegen. Dazu schmecken Frittches (Rezept siehe Seite 209).

Kotelett mit Bohnen im Zucchinimantel und mit Kräuterbutter

Für 4 Personen
Zubereitung: 55 Minuten, plus Kühlzeit

Für die Kräuterbutter

250 g	weiche Butter
4	Schalotten, fein gewürfelt
1	Knoblauchzehe, zerdrückt
1 TL	Limettensaft, plus etwas abgeriebene Limettenschale
1 TL	Orangensaft, plus etwas abgeriebene Orangenschale
	Meersalz
	frisch gemahlener schwarzer Pfeffer
4 EL	gehackter Schnittlauch
3 EL	gehackte glatte Petersilie
1 EL	gehackte Basilikumblätter
1 TL	gehackter Thymian
2 TL	gehackter Majoran

Für die Koteletts

etwas	Olivenöl
4	Stiel- oder Nackenkoteletts (je 140 g)
	Salz
	frisch gemahlener schwarzer Pfeffer
etwas	Butter
30 g	Schnittlauch und glatte Petersilie, fein geschnitten

Für die Bohnen im Zucchinimantel

300 g	breite Bohnen, geputzt
	Salz
2	Zucchini, längs in dünne Scheiben geschnitten
100 g	Strauchtomaten, in Scheiben geschnitten
2	Schalotten, fein gewürfelt
	frisch gemahlener schwarzer Pfeffer
etwas	Thymian, fein gehackt
20 ml	Kürbiskernöl
etwas	Butter, zerlassen
1 EL	gehackte Kürbiskerne

Alle Zutaten für die Kräuterbutter sehr vorsichtig verrühren, die Butter soll nicht grün werden. Zu einer Rolle formen, kühl stellen.

Für die Koteletts in einer Pfanne das Olivenöl bei hoher Temperatur erhitzen. Die Koteletts salzen, pfeffern und von beiden Seiten etwa 4 Minuten scharf anbraten, 2 Minuten weiterbraten. Die Butter und die Kräuter dazugeben und das Fleisch mit dem Kräutersaft begießen.

Für die Bohnen im Zucchinimantel den Backofen auf 200 °C Umluft (220 °C Ober-/Unterhitze) vorheizen. Die breiten Bohnen in Salzwasser weich kochen. Danach in Eiswasser abschrecken, damit die grüne Farbe erhalten bleibt. Fünf Zucchinischeiben dicht nebeneinanderlegen und jeweils 4–5 Bohnen darauflegen. Die Bohnen mit Tomatenscheiben belegen. Mit Schalottenwürfeln, Salz, Pfeffer und Thymian bestreuen, mit etwas Kürbiskernöl beträufeln. Die Zucchinischeiben um die Füllung zu einem flachen Päckchen wickeln.

Die Bohnenpäckchen auf ein Backblech setzen und mit etwas Butter bestreichen. Mit Kürbiskernen bestreuen und 6–7 Minuten im Ofen backen. Mit einem breiten Pfannenwender auf Teller zu den Koteletts geben und mit Kräuterbutter servieren.

Pochierte Koriander-Mettbällchen mit Erdnuss-Sauce und Duftreis

Für 4 Personen
Zubereitung: 1 Stunde

Für die Koriander-Mettbällchen

etwas Sesamöl
100 g Karotte, Paprika und Lauch, fein gewürfelt
500 g Mett
2 Eier
½ Bund Koriander, gehackt
Salz
frisch gemahlener schwarzer Pfeffer
100 g Sesamsaat, geröstet

Für die Erdnuss-Sauce

100 g geröstete Erdnusskerne
etwas Pflanzenöl
etwas frische Ingwerwurzel, geschält und gerieben
300 ml Kokosmilch
Saft von 1 Limette
4 EL Sojasauce
1 TL brauner Zucker
1 rote Chilischote, entkernt und in Streifen geschnitten
Salz
frisch gemahlener schwarzer Pfeffer

Für den Duftreis

etwas Butter
1 Gemüsezwiebel, gewürfelt
150 g Basmatireis
300 ml Gemüsefond
Salz
1 Stängel Zitronengras, halbiert
200 g Sprossenmix

Für die Mettbällchen in einer Pfanne das Sesamöl bei mittlerer bis hoher Temperatur erhitzen und die Gemüsewürfel darin anbraten. Etwas abkühlen lassen und zum Mett geben. Eier, Koriander, Salz und Pfeffer ebenfalls zum Mett geben und alles gut vermengen. Kugeln formen und in kochendem Salzwasser 5 Minuten garen. Mit einem Schaumlöffel aus dem Wasser nehmen, abtropfen lassen und im Sesam wälzen.

Für die Erdnuss-Sauce die Erdnüsse in einem Mörser zerstoßen. In einer Pfanne das Pflanzenöl bei mittlerer bis hoher Temperatur erhitzen und darin die Erdnüsse mit dem geriebenen Ingwer kurz anbraten. Kokosmilch, Limettensaft, Sojasauce, Zucker und Chili dazugeben. Alles 5 Minuten köcheln lassen, mit Salz und Pfeffer abschmecken.

Für den Duftreis in einer Pfanne die Butter bei mittlerer Temperatur zerlassen und die Zwiebelwürfel darin glasig werden lassen. Den Reis dazugeben, mit Gemüsefond auffüllen und Salz sowie Zitronengras zugeben. Mit aufgesetztem Pfannendeckel aufkochen, dann den Herd ausschalten. Den Reis quellen lassen, bis er die Flüssigkeit aufgenommen hat. Zwischendurch immer wieder umrühren. Vor dem Anrichten das Zitronengras entfernen und die Sprossen unter den Reis heben. Mettbällchen auf dem Reis servieren. Die Erdnuss-Sauce dazureichen.

Thailändisches Curry

Für 4 Personen
Zubereitung: 45 Minuten

Für die Würzpaste

40 g	Schalotten, gehackt
4	Knoblauchzehen, gehackt
20 g	frische Ingwerwurzel, gehackt
3	grüne Chilischoten, geputzt, entkernt, in feine Streifen geschnitten
20 g	Zitronengras, in feine Segmente geschnitten
10 g	*terasi* (Würzpaste aus getrockneten Garnelen; Asiashop)
4 EL	gelbe Bohnensauce
2 EL	Currypulver
30 g	Palmzucker
	Salz

Für das Curry

600 g	Schweinefilet
etwas	Pflanzenöl
500 ml	Kokosmilch
250 g	rote Paprika
50 g	Frühlingszwiebeln
100 g	Bambussprossen aus dem Glas
100 g	Erbsen (TK)
1 TL	Tamarindenpaste (aus dem Asiashop)

Für die Würzpaste Schalotten, Knoblauch, Ingwer, Chili, Zitronengras und *terasi* im Mörser fein zerreiben. Mit Bohnensauce, Currypulver, Palmzucker und Salz verrühren.

Für das Curry das Fleisch in schmale Streifen schneiden. In einem Wok das Pflanzenöl bei mittlerer Temperatur erhitzen und das Fleisch darin anbraten, ohne dass es Farbe annimmt. Die Kokosmilch dazugeben, alles aufkochen und bei niedriger Temperatur 4 Minuten köcheln lassen.

Die Paprika und die Frühlingszwiebeln putzen und würfeln, mit den Bambussprossen und den Erbsen in den Wok geben. Die Tamarindenpaste mit 80 ml Wasser verrühren und mit der Würzpaste ebenfalls in den Wok geben. Alles 8 Minuten zugedeckt köcheln lassen und das Curry nach Belieben noch einmal abschmecken.

Als Beilage schmecken gegarte und in Erdnussöl geschwenkte Glasnudeln.

Schnitzel mit Gurkensalat

Für 4 Personen
Zubereitung: 30 Minuten

Für die Schweineschnitzel

8	Schweineschnitzel aus dem Rücken oder der Hüfte (je 70 g)
200 g	Paniermehl
150 g	Weizenmehl (Type 405)
2	Eier
1 EL	Sahne
	Salz
	frisch gemahlener schwarzer Pfeffer
etwas	Pflanzenöl
etwas	Butter

Für den Gurkensalat

2	Gartengurken
	Salz
etwas	Traubenkernöl
5	Schalotten, fein gewürfelt
200 ml	Naturjoghurt
	frisch gemahlener schwarzer Pfeffer
etwas	Dill, fein gehackt, plus 4 Dillspitzen zum Garnieren
½ TL	Dijonsenf
etwas	Zitronensaft
10	Radieschen, in feine Scheiben geschnitten
einige	feine gelbe Friséesalatblättchen zum Garnieren

Die Schnitzel mit einem Fleischhammer klopfen, damit sie weich werden. Das Paniermehl und das Mehl jeweils auf einen Teller geben. Die Eier mit der Sahne leicht verquirlen, mit Salz und Pfeffer würzen. Die Schnitzel in Mehl wenden, durch die Eiersahne ziehen und im Paniermehl wenden.

In einer Pfanne das Pflanzenöl und die Butter bei mittlerer Temperatur erhitzen und die Schnitzel darin von beiden Seiten in insgesamt etwa 5 Minuten goldgelb braten.

Für den Salat die Gurken schälen, entkernen und in sehr feine Scheiben schneiden.

Die Gurkenscheiben in eine Schüssel geben und etwas salzen, damit sie Wasser verlieren. Vor dem Anrichten das Wasser abgießen.

In einer Pfanne das Traubenkernöl bei mittlerer Temperatur erhitzen und die Schalotten darin glasig werden, dann abkühlen lassen.

In einer Schüssel den Joghurt mit Salz, Pfeffer, Dill, Dijonsenf und Zitronensaft abschmecken. Die Radieschenscheiben, die Schalotten und die abgetropften Gurken in die Sauce geben, umrühren und auf einer Platte anrichten. Mit dem Friséesalat und den Dillspitzen garnieren und die Schnitzel auflegen.

Schnitzel mit Jägersauce de luxe und Kartoffelstäbchen

Für 4 Personen
Zubereitung: 40 Minuten

Für die Schnitzel

4	dünne Schnitzel aus der Oberschale vom Kalb
100 g	Weizenmehl (Type 405)
2	Eier
200 g	Weißbrotbrösel, frisch gerieben
	Salz
200 g	Butterschmalz

Für die Jägersauce

20 g	Butter
etwas	Haselnussöl
4	Schalotten, in feine Streifen geschnitten
10 g	getrocknete Morcheln, 1 Stunde in Wasser eingeweicht und in Streifen geschnitten
100 g	Kräuterseitlinge, gewürfelt
100 g	Shiitakepilze, in Streifen geschnitten
20 ml	trockener Sherry
200 g	Crème fraîche
½	Bund Schnittlauch, in feine Röllchen geschnitten
	Salz
	frisch gemahlener schwarzer Pfeffer

Für die Kartoffelstäbchen

reichlich	Butterschmalz
300 g	Kartoffeln, geschält und in Stifte geschnitten
	Salz
	frisch gemahlener schwarzer Pfeffer

Die Schnitzel leicht mit dem Fleischhammer klopfen. Das Mehl auf einen Teller geben, in einer kleinen Schüssel die Eier gut verquirlen und die Brotbrösel ebenfalls auf einen Teller geben. Die Schnitzel salzen, in Mehl wenden, durch das Ei ziehen und in den Weißbrotbröseln wenden. Die Panade nicht fest andrücken, damit die Kruste schön luftig bleibt.

In einer Pfanne das Butterschmalz bei mittlerer Temperatur erhitzen und die Schnitzel schwimmend von beiden Seiten goldgelb ausbacken.

Für die Jägersauce in einer Pfanne die Butter und das Haselnussöl bei mittlerer Temperatur erhitzen. Die Schalottenstreifen darin glasig werden lassen. Die Pilze in die Pfanne geben und bei erhöhter Temperatur scharf anbraten. Mit Sherry ablöschen, die Crème fraîche mit einem Schneebesen einrühren und nicht mehr kochen lassen. Die Sauce mit Schnittlauch, Salz und Pfeffer abschmecken.

Für die Kartoffelstäbchen in einer Pfanne das Butterschmalz bei mittlerer Temperatur erhitzen und die Kartoffeln darin goldgelb braten, mit Salz und Pfeffer würzen. Zum Anrichten die Schnitzel mit Sauce bedecken und die Kartoffeln anlegen.

Roulade von Schweinefilet mit Frühlingsmorcheln auf Hirsetalern

Für 4 Personen
Zubereitung: 1 Stunde 15 Minuten,
plus Zeit zum Quellen, Abkühlen und Einweichen

Für die Hirsetaler

etwas	Olivenöl
4	Schalotten, gewürfelt
100 g	Hirse
400 ml	Hühnerbrühe
40 g	Parmesan, frisch gerieben
40 g	Butter

Für die Rouladen

50 g	getrocknete Morcheln
etwas	Butter
etwas	Olivenöl
4	Schalotten, gewürfelt
	Salz
	frisch gemahlener schwarzer Pfeffer
1	Bund Schnittlauch, in feine Röllchen geschnitten
600 g	Schweinefiletköpfe

Für das Gemüse

3	Karotten
etwas	Butter
etwas	Pflanzenöl

Für die Hirsetaler Olivenöl in einem Topf bei mittlerer Temperatur erhitzen. Die Schalotten darin glasig werden lassen. Die Hirse dazugeben und mit der Brühe bei niedriger Temperatur etwa 40 Minuten quellen lassen. Dann den Parmesan unterheben. Metallringe auf ein Blech setzen und die Hirse hineingeben, alternativ mit den Händen zu kleinen Talern formen. Die Hirsetaler erkalten lassen. In einer Pfanne die Butter und etwas Olivenöl bei mittlerer Temperatur erhitzen und die Taler darin anbraten.

Für die Rouladen die Morcheln 30 Minuten in Wasser einweichen. Das Wasser abgießen, die Morcheln ausdrücken und fein hacken. In einer Pfanne Butter und Olivenöl bei mittlerer Temperatur erhitzen und die Morcheln darin mit den Schalotten anschwenken. Mit Salz, Pfeffer und Schnittlauch abschmecken.

Den Backofen auf 200 °C Umluft (220 °C Ober-/Unterhitze) vorheizen. Das Schweinefilet in acht Scheiben schneiden, flach klopfen, salzen und pfeffern. Mit der Morchelfarce dick bestreichen und einrollen. Zwei Schaschlikspieße ölen und je vier Rouladen auf einen Spieß stecken. In einer Pfanne Olivenöl bei mittlerer Temperatur erhitzen und die Rouladen darin von beiden Seiten anbraten. Dann 8 Minuten im Ofen garen.

Für das Gemüse die Karotten putzen und längs aufschneiden. In einer Pfanne Butter und Pflanzenöl bei mittlerer Temperatur erhitzen und die Karotten darin 5 Minuten braten. Nach dem Braten die Rouladen von den Spießen ziehen und je zwei Rouladen auf Hirsetalern anrichten. Das Gemüse anlegen. Als Sauce Jus (Rezept siehe Seite 206) oder zerlassene Kräuterbutter dazureichen.

Filet vom Ibérico-Schwein mit Maisküchlein

Für 4 Personen
Zubereitung: 1 Stunde

Für die Specksauce

100 g	Speckwürfel
1	Gemüsezwiebel, fein gewürfelt
100 ml	Brühe
100 ml	Sahne
½	Bund Schnittlauch, in feine Röllchen geschnitten

Für das Schweinefilet

etwas	Butter
etwas	Olivenöl
800 g	Filet vom Ibérico-Schwein
	Salz
	frisch gemahlener schwarzer Pfeffer
3	Knoblauchzehen, geschält
einige	Rosmarinnadeln

Für die Maisküchlein

250 g	Mais aus der Dose
2	Eigelb
2 EL	Weizenmehl (Type 405)
1	Eiweiß
	Salz
	frisch geriebene Muskatnuss
etwas	Chilipulver
etwas	Olivenöl

Für das Gemüse

etwas	Butter
etwas	Olivenöl
einige	Safranfäden
200 g	Fenchel, gewürfelt oder in Stifte geschnitten
200 g	Minimaiskolben, in dünne Scheiben geschnitten
	Salz

Für die Specksauce in einem Topf den Speck und die Zwiebel bei hoher Temperatur kross auslassen. Mit Brühe und Sahne auffüllen. Leicht einkochen und mit Schnittlauch abschmecken.

Für das Schweinefilet den Backofen auf 200 °C Umluft (Ober-/Unterhitze 220 °C) vorheizen. In einer Pfanne die Butter bei mittlerer Temperatur zerlassen und mit dem Olivenöl erhitzen. Das Fleisch mit Salz und Pfeffer würzen und mit Knoblauch und Rosmarin in der Pfanne anbraten. Im Ofen 8–10 Minuten weitergaren. Danach 2–3 Minuten ruhen lassen und aufschneiden.

Für die Maisküchlein in einer Küchenmaschine den Mais mit Eigelb und Mehl zu einem Teig vermengen. Das Eiweiß steif schlagen und unterheben. Mit Salz, Muskat und Chilipulver würzen. Aus dem Teig kleine Plätzchen formen und in einer Pfanne in Olivenöl bei mittlerer Temperatur von beiden Seiten insgesamt etwa 3 Minuten braten.

Für das Gemüse in einer Pfanne die Butter bei mittlerer Temperatur zerlassen und mit dem Olivenöl und den Safranfäden erhitzen. Das Gemüse dazugeben und gar schwenken. Mit etwas Wasser ablöschen, damit es nicht zu rösch wird, und mit Salz abschmecken. Filets auf Gemüse anrichten und Sauce auftupfen.

Schweinefilet süß-sauer auf Glasnudeln

Für 4 Personen
Zubereitung: 40 Minuten

Für das Schweinefilet

100 g	Zuckerschoten, in Rauten geschnitten
100 g	Karotte und Stangensellerie, gewürfelt
	Salz
500 g	Schweinefilet, gewürfelt
2	Knoblauchzehen, gewürfelt
½	Chilischote, entkernt und in Streifen geschnitten
2	Schalotten, gewürfelt
1 TL	frische geriebene Ingwerwurzel
10	Shiitakepilze
3 EL	helle Sojasauce
1 EL	Palmzucker
1 EL	Reisessig
150 ml	Hühnerbrühe
½ EL	Speisestärke, mit Wasser angerührt
etwas	gemahlener Zimt
etwas	Fünf-Gewürze-Pulver
	frisch gemahlener schwarzer Pfeffer
1 EL	gehacktes Koriandergrün
2	Frühlingszwiebeln, in Streifen geschnitten

Für die Glasnudeln

100 g	Glasnudeln

Für das Schweinefilet Zuckerschoten, Karotte und Sellerie in Salzwasser blanchieren, dann in Eiswasser abschrecken.

In einem Wok die Fleischwürfel bei hoher Temperatur scharf anbraten und herausnehmen. Dann Knoblauch, Chili, Schalotten und Ingwer im Wok glasieren.

Gemüse, Fleisch und Pilze dazugeben und anbraten. Sojasauce, Palmzucker und Reisessig verrühren und damit ablöschen. Mit Brühe auffüllen, alles aufkochen und mit Stärke abbinden. Mit den Gewürzen abschmecken und Koriander und Frühlingszwiebeln dazugeben.

Die Glasnudeln in einer Schüssel mit kochendem Wasser übergießen und 2–3 Minuten darin ziehen lassen. Abgießen, kalt abschrecken und abtropfen lassen. Im Wok anschwenken und mit Gemüse und Filet belegt servieren.

Krustenbraten von der Schweineschulter mit Rahmkraut

Für 4 Personen
Zubereitung: 2 Stunden 20 Minuten

Für den Krustenbraten

1,4 kg	Schweineschulter mit Schwarte
50 g	Senf
	Salz
	frisch gemahlener schwarzer Pfeffer
etwas	Pflanzenöl
200 g	Wurzelgemüse (Karotte, Knollensellerie, Lauch)
1	Gemüsezwiebel
200 ml	Bier
einige	Pfefferkörner, Wacholderbeeren, Lorbeerblätter und Kümmel, zerstoßen
etwas	kalte Butter

Für das Rahmkraut

etwas	Traubenkernöl
1	Gemüsezwiebel, fein gewürfelt
20 g	Rohrzucker
100 ml	Riesling
400 g	frisches Sauerkraut, gut ausgewaschen
2	Lorbeerblätter
4	Wacholderbeeren
100 ml	Sahne
	frisch gemahlener schwarzer Pfeffer
	Meersalz

Für den Krustenbraten den Backofen auf 90 °C Umluft (110 °C Ober-/Unterhitze) vorheizen. Die Schwarte der Schweineschulter mit einem scharfen Messer längs und quer einschneiden, sodass ein Rautenmuster entsteht. Die Schulter mit Senf bestreichen, salzen und pfeffern. In einem Schmortopf das Pflanzenöl bei hoher Temperatur erhitzen und die Schulter darin scharf auf der Schwartenseite anbraten.

Das Wurzelgemüse und die Gemüsezwiebel würfeln und dazugeben. Leicht mitrösten und mit dem Bier ablöschen. Die zerstoßenen Gewürze zum Gemüse geben, etwas Wasser angießen und den Braten 2 Stunden in den Ofen stellen. Um eine schöne Kruste zu bekommen, etwa 15 Minuten vor Ende der Garzeit die Temperatur auf 220 °C Umluft (240 °C Ober-/Unterhitze) erhöhen.

Ist der Braten gar, den Bratensaft durch ein Sieb in einen Topf passieren und die Sauce mit etwas kalter Butter abbinden.

Für das Rahmkraut in einem Topf das Traubenkernöl bei mittlerer Temperatur erhitzen. Die Zwiebelwürfel darin glasig werden lassen. Den Rohrzucker über die Zwiebeln streuen, leicht karamellisieren lassen und mit dem Riesling ablöschen. Das Sauerkraut und die Gewürze dazugeben. Das Kraut etwas Farbe nehmen lassen und weich schmoren. Die Sahne dazugeben und sämig einkochen. Mit Pfeffer und Meersalz abschmecken. Dazu schmecken Kartoffeln, die geschält 20 Minuten im Bratenfond mitgegart werden. Jeweils 1–2 Scheiben Braten auf einem Teller anrichten, mit Sauce beträufeln und Rahmkraut anlegen.

Spanferkelbauch mit Krautsalat und süßem Senf

Für 4 Personen
Zubereitung: 1 Stunde 40 Minuten, plus Zeit zum Abkühlen

Für den Spanferkelbauch

1 kg	Spanferkelbauch
300 g	Wurzelgemüse (Zwiebel, Knollensellerie, Petersilienwurzel, Lauch, Karotte), gewürfelt
100 ml	Weißwein
einige	Lorbeerblätter, Wacholderbeeren, Fenchelsamen, Kümmel, Pfefferkörner, fein gemörsert
	Meersalz
etwas	Liebstöckel, gehackt
etwas	süßer Senf
etwas	Kümmelkresse
5 g	Agar-Agar

Für den Krautsalat

1 kg	Spitz- oder Weißkohl, in sehr feine Streifen geschnitten
5	Schalotten, fein gewürfelt und in Haselnussöl angeschwitzt
100 ml	Apfelsaft
30 ml	Apfelessig
70 ml	Traubenkernöl
	Salz
	frisch gemahlener schwarzer Pfeffer
etwas	Kümmel

Für den Spanferkelbauch alle Zutaten bis auf Senf, Kresse und Agar-Agar in einen Topf geben, mit Wasser auffüllen und bei 70–80 °C garen, bis der Spanferkelbauch weich ist.

Von dem Fond 1 l entnehmen und mit Agar-Agar nach Packungsanleitung binden. Zum Erkalten in eine flache Form gießen, Würfel schneiden.

Für den Krautsalat die Kohlstreifen mit den Schalotten mischen und mit Apfelsaft, Apfelessig, Traubenkernöl, Salz, Pfeffer und Kümmel marinieren. Gut miteinander durchkneten, bis der Salat im eigenen Saft steht und weich ist. Gegebenenfalls nochmals mit den Aromaten abschmecken.

Zum Servieren den Spanferkelbauch in Würfel schneiden oder fein zupfen und auf den Krautsalat legen. Mit süßem Senf beträufeln und nach Belieben mit Kümmelkresse und Fondwürfeln garnieren. Dazu ein gutes Brot reichen.

Spanferkelkotelett mit Wachtelspiegelei, Spargel und Bärlauchbutter

Für 4 Personen
Zubereitung: 45 Minuten

Für die Bärlauchbutter

etwas	Pflanzenöl
3	Schalotten, gewürfelt
50 ml	Weißwein
200 ml	Gemüsebrühe
100 g	Bärlauchblätter
50 g	glatte Petersilienblätter
100 g	kalte Butter
	Salz
	frisch gemahlener schwarzer Pfeffer
	frisch geriebene Muskatnuss

Für Spargel und Kartoffeln

etwas	Pflanzenöl
200 g	Kartoffeln, geschält und fein gewürfelt
500 g	weißer Spargel, geschält
	Salz

Für die Spanferkelkoteletts mit Wachtelspiegelei

etwas	Pflanzenöl
etwas	Butter
8	Spanferkelkoteletts oder Rückensteaks
	Salz
	frisch gemahlener Pfeffer
8	Wachteleier

Für die Bärlauchbutter in einer hohen Pfanne das Pflanzenöl bei mittlerer Temperatur erhitzen. Die Schalotten darin glasig werden lassen. Mit Weißwein ablöschen und mit Brühe auffüllen, leicht erhitzen. Bärlauch und Petersilie in einem Mixer pürieren und in die Brühe geben. Dann alles fein mixen und mit kalter Butter montieren. Mit Salz, Pfeffer und Muskat abschmecken. Erwärmen, aber nicht mehr kochen. Kurz vor dem Servieren mit einem Stabmixer aufschäumen.

Für die Kartoffeln in einer Pfanne das Pflanzenöl bei mittlerer Temperatur erhitzen. Die Kartoffelwürfel darin leicht bräunen. Den Spargel in reichlich Salzwasser garen.

Für die Spanferkelkoteletts in einer Pfanne das Pflanzenöl und die Butter bei mittlerer Temperatur erhitzen. Die Koteletts darin auf beiden Seiten insgesamt 5–6 Minuten braten. Mit Salz und Pfeffer würzen. In einer weiteren Pfanne die Wachteleier in Öl und Butter braten und beim Anrichten auf die Koteletts legen. Auf Spargelstangen anrichten und die Kartoffeln sowie die Bärlauchbutter dazudressieren.

Rinderkraftbrühe mit Gemüse und Klößchen

Für 4 Personen
Zubereitung: 2 Stunden 35 Minuten

Für die Rinderkraftbrühe

1 kg	Rinderbrust
1 kg	Beinscheiben vom Rind
1 TL	Salz
1	Gemüsezwiebel
500 g	Suppengemüse (Karotte, Knollensellerie, Lauch), grob gewürfelt
2	Gemüsezwiebeln, grob gewürfelt
3	Lorbeerblätter
8	Wacholderbeeren, angedrückt
10	Pfefferkörner, zerdrückt
½	Bund Petersilie, fein gehackt

Für das Gemüse

etwas	Butter
4	Frühlingszwiebeln, in kleine Stücke geschnitten
2	Karotten, in Scheiben geschnitten
1	Navette (Mairübe), in Stücke geschnitten
2	Wirsingblätter, in Streifen geschnitten
100 g	Knollensellerie, gewürfelt
	Salz

Für die Klößchen

100 g	Butter
70 g	Weißbrot, gerieben
3	Eigelb
	Salz
	frisch gemahlener schwarzer Pfeffer
	frisch geriebene Muskatnuss
etwas	Petersilie, fein gehackt
etwas	Weizenmehl (Type 405)

Für die Rinderkraftbrühe das Rindfleisch und die Beinscheiben in einen großen Topf geben und mit Wasser bedecken. Das Salz zugeben und das Wasser zum Kochen bringen. Die Brühe mit einem Schaumlöffel abschäumen.

In einer Pfanne ohne Fett eine Gemüsezwiebel bräunen und in die Brühe geben. Die Gemüse, die Gewürze und die Petersilie dazugeben und das Fleisch 2 Stunden unter dem Siedepunkt garen – die Brühe sollte nicht mehr stark kochen. Von Zeit zu Zeit abschäumen und entfetten. Ist das Fleisch gar, aus der Brühe nehmen und feine Stücke als Suppeneinlage zurechtschneiden, beiseitelegen. Die Brühe durch ein Tuch passieren.

Für das Gemüse kurz vor dem Servieren in einer Pfanne die Butter bei mittlerer Temperatur zerlassen. Das Gemüse darin anschwenken und salzen.

Für die Klößchen in einem Topf die Butter bei mittlerer Temperatur zerlassen. Die Weißbrotbrösel dazugeben, das Eigelb unterrühren, mit Salz, Pfeffer, Muskat und Petersilie abschmecken. Den Teig mit etwas Mehl abbinden, kleine Kugeln formen. In kochendes Wasser geben, den Topf vom Herd ziehen. Die Klößchen noch 5 Minuten ziehen lassen. Das Gemüse mit dem Fleisch und Klößchen anrichten und mit Brühe auffüllen.

Der Mario-Burger

Für 4 Personen
Zubereitung: 40 Minuten

Für die Patties

etwas	Olivenöl
4	Schalotten, fein gewürfelt
1	Knoblauchzehe, fein gehackt
½	rote Chilischote, entkernt und fein gehackt
300 g	Rinderhackfleisch
50 g	Grissini, fein gemahlen
1 TL	fein gehackter Majoran
1 TL	fein gehackter Thymian
½ TL	Senf
	Meersalz
	frisch gemahlener schwarzer Pfeffer
etwas	Butter
je 1	Zweig Thymian und Rosmarin

Für die Toppings

etwas	Olivenöl
8	Schalotten, in Streifen geschnitten
1 EL	Balsamico
	Salz
	frisch gemahlener schwarzer Pfeffer
8	Scheiben Pancetta
4	Hamburgerbrötchen
etwas	Butter
einige	Römersalat- und Rucolablätter
12	Scheiben Zucchini, sehr dünn geschnitten
etwas	Pesto
8	Scheiben Tomate
etwas	Parmesan, gehobelt

Für die Patties in einer Pfanne Olivenöl erhitzen und Schalottenwürfel, Knoblauch und Chili darin leicht glasig werden lassen. Beiseitestellen und abkühlen lassen. Das Rinderhackfleisch in eine Schüssel geben, die Zutaten aus der Pfanne, die Grissini, die Kräuter und den Senf dazugeben. Alles gut mischen und mit Meersalz und Pfeffer abschmecken. Aus dem Teig Patties formen.

In der Pfanne Olivenöl bei mittlerer Temperatur erhitzen und die Patties darin schön braun anbraten. Aus der Pfanne nehmen. Die Butter darin zerlassen und den Thymian- sowie den Rosmarinzweig zum Aromatisieren mit in die Pfanne geben. Die Hack-Patties in der Butter nachbraten.

Für die Toppings in einer Pfanne das Olivenöl bei hoher Temperatur erhitzen. Die Schalotten darin scharf anbraten, mit Balsamico ablöschen und mit Salz und Pfeffer würzen. In einer beschichteten Pfanne die Pancetta ohne Zugabe von Fett kross braten.

Den Backofen auf 200 °C Umluft (220 °C Ober-/Unterhitze) vorheizen. Die Brötchen halbieren, mit etwas Butter bestreichen und kurz im Ofen erwärmen. Die untere Brötchenhälfte jeweils mit einem Römersalatblatt und Rucola belegen. Darauf je drei Zucchinischeiben, je eine mit Pesto bestrichene Tomatenscheibe, eine Patty, eine Tomatenscheibe, die Balsamicozwiebeln, die krosse Pancetta und den Parmesan anrichten. Die obere Brötchenhälfte darauflegen und servieren.

Kalbspiccata mit Ciabatta-Knödeln und Basilikumtomaten

Für 4 Personen
Zubereitung: 1 Stunde 40 Minuten

Für die Ciabatta-Tomaten-Knödel

1 kg	Ciabatta, in Würfel geschnitten
etwas	Olivenöl
5	Schalotten, fein gewürfelt
100 g	getrocknete Tomaten, fein gehackt
800 ml	Milch
	Salz
	frisch gemahlener schwarzer Pfeffer
etwas	gehackter Thymian
50 g	Parmesan, frisch gerieben
10	Eier
etwas	Butter
20	Kirschtomaten ohne Haut

Für die Kalbspiccata

600 g	Kalbsrücken, in 4 Scheiben geschnitten
etwas	Olivenöl
	Salz
	frisch gemahlener schwarzer Pfeffer
4	Eigelb
20 ml	Sahne
etwas	Zitronensaft
100 g	Parmesan, frisch gerieben

Für die Sauce

200 ml	Kalbsfond (Rezept siehe Seite 206)
100 g	Tomatenzungen, gewürfelt
etwas	Basilikum, in Streifen geschnitten

Für die Knödel die Ciabattawürfel in eine Schüssel geben. In einem Topf in Olivenöl die Schalottenwürfel und Tomaten glasieren. Die Milch aufgießen, aufkochen und mit Salz, Pfeffer, Thymian und Parmesan würzen.

Die Tomatenmilch auf die Ciabattawürfel gießen, die Eier dazugeben und alles gut verrühren. Etwa 10 Minuten ruhen lassen. Dann die Mischung zu kleinen Rollen formen, in Frischhaltefolie einrollen und die Enden mit Küchenband zubinden.

Reichlich Wasser in einem Topf aufkochen, Knödelrollen einlegen und bei etwa 90 °C 35 Minuten pochieren. Die Knödel aus der Folie ausrollen, in breite Scheiben schneiden und in einer Pfanne in Butter anbraten. Die Kirschtomaten mit den Knödelscheiben in der Pfanne glasieren.

Für die Kalbspiccata den Backofen auf 200 °C Umluft (220 °C Ober-/Unterhitze) vorheizen. Die Kalbsrückenscheiben in einer Pfanne in Olivenöl anbraten. Mit Salz und Pfeffer würzen.

Eigelb, Sahne, Zitronensaft und Parmesan miteinander verrühren und auf die Kalbssteaks streichen. In eine ofenfeste Form geben und 8 Minuten im Ofen garen.

Für die Sauce den Kalbsfond aufkochen, die Tomatenzungen dazugeben und mit dem Basilikum abschmecken. Zum Servieren neben die Kalbspiccata dressieren und Knödelscheiben mit Kirschtomaten anlegen.

Geschnetzeltes vom Kalb mit gebratenen Pilzen und Crêpes

Für 4 Personen
Zubereitung: 50 Minuten

Für das Geschnetzelte vom Kalb

700 g Kalbfleisch (z. B. Rücken, Filet, Oberschale, Tafelspitz)
20 ml Erdnussöl
Salz
frisch gemahlener schwarzer Pfeffer
20 g Butter
100 g Schalotten, fein gewürfelt
50 ml Weißwein
50 ml Brühe (von Rind, Huhn oder Gemüse)
500 ml Sahne

Für die gebratenen Pilze

100 g Butter
100 g Kräuterseitlinge, gewürfelt
100 g Shiitakepilze, geviertelt
100 g Pfifferlinge (kleine Pilze ganz, große halbiert)
Salz
frisch gemahlener schwarzer Pfeffer
½ Bund Schnittlauch, in feine Röllchen geschnitten

Für die Crêpes

200 ml Milch
2 Eier
1 Eigelb
100 g Weizenmehl (Type 405)
1 Prise Salz
25 g Butter, zerlassen, plus Butter für die Pfanne

Für das Geschnetzelte das Kalbfleisch in nicht zu kleine Stücke schnetzeln. In einer Pfanne das Erdnussöl bei mittlerer Temperatur erhitzen, das Fleisch darin unter Rühren leicht anbraten. Mit Salz und Pfeffer würzen. Das Öl abgießen und das Fleisch in einer Schüssel warm stellen.

Die Butter in die Pfanne geben und die Schalottenwürfel darin glasig werden lassen. Mit Weißwein und Brühe ablöschen und die Flüssigkeit leicht reduzieren. Mit der Sahne auffüllen und nochmals etwas einkochen lassen. Das Fleisch in die Sauce geben.

Für die gebratenen Pilze in einer Pfanne bei hoher Temperatur die Butter aufschäumen. Die Pilze dazugeben und anbraten. Mit Salz, Pfeffer und Schnittlauch würzen.

Für die Crêpes in einer Schüssel Milch, Eier und Eigelb vermengen. Das Mehl unterrühren und alles zu einem geschmeidigen Teig verarbeiten. Mit Salz und zerlassener Butter abschmecken. Eine beschichtete Pfanne mit Butter auspinseln und dünne Crêpes backen. Die Crêpes zu Dreiecken falten. Das Geschnetzelte mit den Pilzen anrichten und die Crêpes anlegen.

Kalbsleber mit glasierten Calvadosäpfeln und Reibekuchen

Für 4 Personen
Zubereitung: 50 Minuten

Für die Kalbsleber

60 g	Weizenmehl (Type 405)
600 g	Kalbsleberscheiben (ohne Silberhaut, vom Metzger)
etwas	Butter
etwas	Olivenöl
5	Salbeiblätter
	Salz
	frisch gemahlener schwarzer Pfeffer

Für die Calvadosäpfel

1–2	Gläser Calvadosäpfel
etwas	Saft und abgeriebene Schale einer Orange
1	Zweig Rosmarin
1	Sternanis
etwas	kalte Butter

Für die Reibekuchen

700 g	Kartoffeln, geschält
4	Schalotten, geschält
50 g	Haferflocken
3	Eier
	Salz
	frisch gemahlener schwarzer Pfeffer
reichlich	Pflanzenöl

Für die Kalbsleber Mehl auf einen Teller geben und die Leberscheiben darin wenden. In einer Pfanne die Butter bei mittlerer Temperatur zerlassen und mit dem Olivenöl erhitzen. Die Leberscheiben darin von beiden Seiten anbraten und je nach Scheibenstärke 4–6 Minuten weitergaren. Nach etwa 2 Minuten den Salbei dazugeben. Die Leber erst zum Schluss mit Salz und Pfeffer würzen, da sie sonst zäh werden könnte.

Für die Calvadosäpfel in einem Topf den Apfelfond aus dem Glas mit Orangensaft und -schale, Rosmarin und Sternanis einmal aufkochen. Mit Butter binden und die Äpfel im Fond schonend erwärmen.

Für die Reibekuchen die Kartoffeln fein reiben und die Schalotten in kleine Würfel schneiden. Kartoffeln und Schalotten mit den Haferflocken und den Eiern in einer Schüssel gut verrühren und mit Salz und Pfeffer würzen.

In einer Pfanne reichlich Pflanzenöl bei mittlerer Temperatur erhitzen. Mit einem Esslöffel kleine Teigportionen in die Pfanne geben und goldgelbe Reibekuchen backen. Die Leberscheiben auf Tellern anrichten. Calvadosäpfel und Fond darübergeben und Reibekuchen daneben platzieren.

Glasierte Kalbsleber mit Salbei-Aroma und Kartoffelstampf

Für 4 Personen
Zubereitung: 35 Minuten

Für die Kalbsleber

50 g	Butter, plus Butter zum Braten
30 ml	Olivenöl
10	Schalotten, in Streifen geschnitten
60 g	Weizenmehl (Type 405)
600 g	Kalbsleberscheiben
15	Salbeiblätter, in feine Streifen geschnitten
	Meersalz
	frisch gemahlener schwarzer Pfeffer

Für den Kartoffelstampf

200 ml	Sahne
100 ml	Milch
400 g	Kartoffeln, gekocht und gewürfelt
30 g	Butter
1 EL	Olivenöl
200 g	Römersalat, in Streifen geschnitten
2	Tomaten, enthäutet, entkernt und gewürfelt
1	Bund Schnittlauch, in feine Röllchen geschnitten
etwas	Meersalz
	frisch gemahlener schwarzer Pfeffer
	frisch geriebene Muskatnuss

Für die Kalbsleber in einer Pfanne die Butter bei mittlerer Temperatur zerlassen und mit dem Olivenöl erhitzen. Die Schalotten darin glasig werden lassen, aus der Pfanne nehmen und beiseitestellen.

Mehl auf einen Teller geben und die Leberscheiben darin wenden. In die Pfanne etwas Butter und den Salbei geben. Die Leber darin bei mittlerer Temperatur 3–4 Minuten von jeder Seite anbraten, dabei immer wieder mit der Salbeibutter beträufeln. Die Schalotten wieder dazugeben, mit Meersalz und Pfeffer würzen.

Für den Kartoffelstampf in einem Topf Sahne, Milch, Kartoffeln, Butter und Olivenöl aufkochen. Mit einem Kartoffelstampfer fein stampfen.

Römersalatstreifen, Tomatenwürfel und Schnittlauch unterheben und mit Salz, Pfeffer und Muskat würzen. Mit zwei Löffeln pro Portion 3–5 Nocken abstechen und um die Leber platzieren. Alternativ Römersalatstreifen, Tomatenwürfel und Schnittlauch separat auf dem Stampf anrichten. Die Salbeibutter als Sauce zur Leber reichen.

Saltimbocca vom Kalb mit Babyspinat und Kirschtomaten

Für 4 Personen
Zubereitung: 30 Minuten

Für die Saltimbocca

8	kleine Kalbsschnitzel aus Oberschale oder Rücken
8	Scheiben Pancetta
8	Salbeiblätter
	Salz
	frisch gemahlener schwarzer Pfeffer
50 g	Weizenmehl (Type 405)
etwas	Olivenöl
etwas	Butter

Für Babyspinat und Kirschtomaten

150 ml	Olivenöl, plus Olivenöl zum Anschwitzen
3	Schalotten, in feine Streifen geschnitten
50 ml	Zitronensaft
	Saft von 1 Orange
1	Knoblauchzehe, zerdrückt
	Meersalz
	frisch gemahlener Pfeffer
200 g	Babyspinat
100 g	Kirschtomaten, halbiert
¼	Bund Basilikum, die Blätter in Streifen geschnitten
20 g	Pinienkerne, geröstet
etwas	Parmesan, gehobelt

Für die Saltimbocca die Schnitzel mit einem Fleischhammer klopfen. Jeweils mit einer Pancettascheibe und einem Salbeiblatt belegen, einklappen und mit einem Zahnstocher fixieren. Wenig salzen und pfeffern, leicht mit Mehl bestauben. In einer Pfanne Olivenöl und Butter bei mittlerer Temperatur erhitzen und die Kalbsschnitzel darin insgesamt 5 Minuten auf beiden Seiten braten.

Für den Babyspinat in einem Topf Olivenöl bei mittlerer Temperatur erhitzen und die Schalottenstreifen darin anschwitzen. Mit dem übrigen Olivenöl, Zitronensaft und Orangensaft auffüllen und alles gut zu einem Dressing verrühren. Mit Knoblauch, Salz und Pfeffer abschmecken, dann etwas abkühlen lassen.

Zum Anrichten Babyspinat, Tomaten, Basilikum und Pinienkerne unter das Dressing heben. Die Saltimbocca darauf betten und Parmesanhobel dazureichen.

Kalbsroulade mit Pflaumen und glasierter Gelber Bete

Für 4 Personen
Zubereitung: 2 Stunden

Für die Kalbsrouladen

4	Rouladenscheiben aus der Oberschale oder Kugel (je etwa 120 g)
	Salz
	frisch gemahlener schwarzer Pfeffer
etwas	Feigensenf
8	Scheiben Pancetta (würziger italienischer Speck)
8	Trockenpflaumen
4	Schalotten, halbiert
50 ml	Traubenkernöl
1	Gemüsezwiebel, gewürfelt
200 g	Schmorgemüse (Knollensellerie, Karotte, Lauch), gewürfelt
20 g	Tomatenmark
100 ml	Rotwein
400 ml	Kalbsfond (Rezept siehe Seite 206)
einige	Pfefferkörner, Lorbeerblätter, Wacholderbeeren, zerstoßen
etwas	Butter oder Speisestärke

Für die Gelbe Bete

etwas	Butter
etwas	Gemüsebrühe
300 g	Gelbe Bete, gekocht, in Scheiben geschnitten
1	Spritzer Himbeeressig
	Salz
	frisch gemahlener Pfeffer
	frisch geriebene Muskatnuss

Für die Kalbsrouladen die Rouladenscheiben leicht klopfen. Mit Salz und Pfeffer würzen und mit Senf bestreichen. Je zwei Scheiben Pancetta auf eine Roulade legen. Jede Pflaume mit einer halben Schalotte füllen und je zwei Pflaumen fest in eine Roulade einrollen. Mit Küchenband fixieren.

In einem Schmortopf das Traubenkernöl bei hoher Temperatur erhitzen und die Rouladen darin scharf von allen Seiten anbraten. Die Rouladen aus der Pfanne nehmen und beiseitestellen.

In dem Topf die Zwiebel und das Schmorgemüse bei hoher Temperatur ohne Fett anrösten. Das Tomatenmark zugeben und kurz mitrösten. Mit Rotwein ablöschen, die Flüssigkeit etwas reduzieren und mit Kalbsfond auffüllen. Die Gewürze in einen Teefilter geben, diesen zubinden und in den Fond legen. Die Rouladen in den heißen Fond geben – sie sollten bis zur Hälfte bedeckt sein – und ungefähr 1 Stunde 10 Minuten bei 70–80 °C schmoren. Eventuell mit warmem Wasser auffüllen. Die Rouladen aus dem Topf nehmen und kurz warm stellen. Die Sauce durch ein Sieb passieren und abschmecken. Mit Butter oder Speisestärke binden und beim Anrichten über die Rouladen gießen.

Für die Gelbe Bete in einem Topf die Butter zerlassen und die Brühe angießen. Darin die Bete erhitzen und mit Essig, Salz, Pfeffer und Muskat abschmecken. Als Bett für die Roulade servieren.

Kalbstafelspitz mit Tomatenragout und Mozzarella-Sauce

Für 4 Personen
Zubereitung: 2 Stunden

Für den Kalbstafelspitz

1,2 kg Kalbstafelspitz
300 g Wurzelgemüse (Knollensellerie, Karotte, Lauch, Zwiebel), gewürfelt
einige Wacholderbeeren, Pfefferkörner und Lorbeerblätter, zerstoßen
2 Knoblauchzehen
½ Bund glatte Petersilie, gehackt
Meersalz

Für das Tomatenragout

etwas Olivenöl
5 Schalotten, in Streifen geschnitten
1 Knoblauchzehe, gewürfelt
4 EL Pinienkerne
200 g getrocknete Tomaten, 2 Stunden in Wasser eingeweicht und gewürfelt
500 g Kirschtomaten, enthäutet und geviertelt
½ Bund Basilikum, die Blätter in Streifen geschnitten
Salz
frisch gemahlener schwarzer Pfeffer

Für die Mozzarella-Sauce

300 g Büffelmozzarella, gewürfelt
etwas Zitronensaft
Salz
frisch gemahlener schwarzer Pfeffer

Für den Kalbstafelspitz das Fleisch mit allen Zutaten in einen Topf geben und mit kaltem Wasser bedecken. Aufkochen und bei niedriger Temperatur etwa 1 Stunde 30 Minuten ziehen lassen. Mit einer Gabel testen, ob das Fleisch weich ist. In dünne Scheiben schneiden und warm halten, den Sud beiseitestellen.

Für das Tomatenragout in einer Pfanne das Olivenöl bei mittlerer Temperatur erhitzen. Die in Streifen geschnittenen Schalotten, die Knoblauchwürfel und die Pinienkerne darin anschwitzen. Die getrockneten Tomaten dazugeben und kurz mitgaren. Die Kirschtomaten 2 Minuten vor dem Anrichten dazugeben und vorsichtig miterwärmen. Mit Basilikumstreifen, Salz und Pfeffer abschmecken.

Für die Mozzarella-Sauce in einem Topf 200 ml des Suds aufkochen. Den Mozzarella mit der heißen Brühe aufmixen und mit Zitronensaft, Salz und Pfeffer abschmecken. Vor dem Servieren etwas aufschäumen. Das Ragout auf dem Tafelspitz anrichten.

Bœuf Stroganoff mit Sauerrahm und Rösti

Für 4 Personen
Zubereitung: 45 Minuten

Für das Bœuf Stroganoff

etwas	Olivenöl
600 g	Rinderfiletspitzen, in Streifen geschnitten
100 g	Rote Bete, geschält gekocht und in Stifte geschnitten
100 g	Perlzwiebeln aus dem Glas
100 g	Gewürzgurken, in Scheiben geschnitten
etwas	Butter
1 EL	Weinbrand
200 ml	Kalbsfond (Rezept siehe Seite 206)
etwas	Schnittlauch, in feine Röllchen geschnitten
	Salz
	frisch gemahlener schwarzer Pfeffer

Für den Sauerrahm

200 g	saure Sahne
etwas	Zitronensaft
	Salz
	frisch gemahlener schwarzer Pfeffer

Für die Rösti

700 g	Kartoffeln
5	Schalotten, fein gewürfelt
	Salz
	frisch gemahlener schwarzer Pfeffer
etwas	Pflanzenöl

Für das Bœuf Stroganoff in einer Pfanne das Olivenöl bei hoher Temperatur erhitzen. Die Filetspitzen darin scharf anbraten und auf einen Teller geben.

Rote Bete, Perlzwiebeln und Gewürzgurken in der Pfanne in etwas Butter anschwenken. Mit Weinbrand ablöschen und mit Kalbsfond auffüllen. Die Filetspitzen dazugeben und mit Schnittlauch, Salz und Pfeffer abschmecken.

Für den Sauerrahm in einer kleinen Schüssel die Zutaten miteinander verrühren.

Für die Rösti die Kartoffeln schälen und grob reiben. In eine Schüssel geben und die Schalotten unterrühren, mit Salz und Pfeffer würzen.

Für die Rösti in einer beschichteten Pfanne Pflanzenöl erhitzen. Den Kartoffelteig in der Pfanne verteilen und jedes Rösti von beiden Seiten insgesamt 5–8 Minuten goldgelb braten. Die Rösti nacheinander zubereiten und die fertigen Rösti warm halten. Bœuf Stroganoff auf den Rösti anrichten und den Sauerrahm über das Bœuf Stroganoff ziehen.

Rindergulasch mit Spätzle

Für 4 Personen
Zubereitung: 2 Stunden

Für die Gewürzbutter

100 g	zimmerwarme Butter
	abgeriebene Schale von ½ unbehandelten Zitrone
1	Knoblauchzehe, gehackt
1 EL	gehackter Majoran
½ TL	Kümmel

Für das Rindergulasch

1,4 kg	Rindfleisch aus der Wade, in 3 cm x 3 cm große Würfel geschnitten
	Salz
	frisch gemahlener schwarzer Pfeffer
etwas	Paprikapulver (nach gewünschtem Schärfegrad)
etwas	Traubenkernöl
4	Gemüsezwiebeln, fein gewürfelt
5 EL	Tomatenmark
2 l	Rinderbrühe
4	rote Paprika, geputzt, in kleine Stücke geschnitten, püriert und durch ein Sieb passiert
100 g	Gewürzbutter

Für die Spätzle

625 g	Weizenmehl (Type 405)
8	Eier
125 ml	Mineralwasser
1 Prise	Salz
	frisch geriebene Muskatnuss
etwas	Butter

Für die Gewürzbutter in einer kleinen Schüssel alle Zutaten verkneten.

Für das Rindergulasch die Fleischwürfel in einer Schüssel mit Salz, Pfeffer und Paprikapulver marinieren. In einer Pfanne Traubenkernöl bei hoher Temperatur erhitzen und das Fleisch darin scharf anbraten. In einem Schmortopf die Zwiebelwürfel in Traubenkernöl goldgelb schmoren, das Tomatenmark dazugeben und anrösten.

Die Fleischwürfel zu den Zwiebeln geben und mit etwas Brühe ablöschen. Das Fleisch weiterschmoren und immer wieder etwas Brühe angießen – lange genug schmoren, damit es zart wird.

Ist das Fleisch fast gar, den Paprikasaft und die Gewürzbutter unter Rühren dazugeben, sie verleihen dem Gulasch den typischen Geschmack.

Für die Spätzle alle Zutaten bis auf die Butter in einer Schüssel vermengen und den Teig mit einem Kochlöffel so lange schlagen, bis er Blasen wirft. Den Teig durch eine Spätzlepresse in reichlich kochendes Wasser pressen.

Die Spätzle sind gar, wenn sie kurz an der Oberfläche schwimmen. Spätzle mit einem Schaumlöffel herausheben. Vor dem Anrichten in einer Pfanne in Butter schwenken, mit Salz und Muskat abschmecken. Das Rindergulasch auf den Spätzle anrichten.

Rinderroulade mit Spitzkohl

Für 4 Personen
Zubereitung: 2 Stunden

Für die Rinderrouladen

4	Rinderrouladen (je 150 g)
	Salz
	frisch gemahlener schwarzer Pfeffer
etwas	Zitronensenf
8	Scheiben Speck
1	rote Lauchzwiebel, geviertelt
1	rote Paprika, geviertelt
50 ml	Traubenkernöl
1	Zweig Thymian
1	Zweig Rosmarin
1	Gemüsezwiebel, gewürfelt
200 g	Schmorgemüse (Sellerie, Karotte, Lauch), gewürfelt
2 TL	Tomatenmark
100 ml	Rotwein
400 ml	Fleischfond (Rinder-, Kalb- oder Geflügelfond), erwärmt
einige	schwarze Pfefferkörner, Lorbeerblätter, Wacholderbeeren, zerstoßen

Für den Spitzkohl

etwas	Butter
etwas	Traubenkernöl
2	Schalotten, gewürfelt
500 g	Spitzkohl, in Streifen geschnitten
	Salz
	frisch geriebene Muskatnuss
etwas	Schnittlauch, in feine Röllchen geschnitten

Für die Rouladen das Fleisch mit einem Fleischhammer leicht klopfen. Mit Salz und Pfeffer würzen und mit Zitronensenf bestreichen. Je zwei Scheiben Speck auf eine Roulade legen, dazu je ein Viertel von der roten Zwiebel und der Paprika. Die Roulade fest einrollen und mit Küchenband, Klammer oder Zahnstochern fixieren. In einem Topf das Traubenkernöl bei hoher Temperatur erhitzen. Thymian und Rosmarin kurz anrösten und die Rouladen darin rundum scharf anbraten. Die Rouladen herausnehmen und beiseitestellen.

Die Zwiebel- und Schmorgemüsewürfel in den Topf geben und anrösten. Das Tomatenmark dazugeben und kurz mitrösten. Mit Rotwein ablöschen und die Flüssigkeit etwas reduzieren. Mit dem Fleischfond auffüllen. Die zerstoßenen Gewürze in einen Teefilter geben, diesen zubinden und in den Fond legen. Die Rouladen in den heißen Fond legen, sie sollten bis zur Hälfte bedeckt sein – eventuell mit warmem Wasser auffüllen. Dann bei niedriger Temperatur 1 Stunde–1 Stunde 10 Minuten schmoren.

Für den Spitzkohl in einer Pfanne Butter und Traubenkernöl erhitzen. Die Schalotten darin glasig werden lassen. Den Spitzkohl dazugeben und leicht anschmoren. Mit Salz und Muskat würzen, vor dem Servieren den Schnittlauch unterheben. Dazu passen Salzkartoffeln.

Kaltes Roastbeef mit Olivenpesto und warmen Majorangurken

Für 4 Personen
Zubereitung: 1 Stunde 15 Minuten,
plus Zeit zum Abkühlen

Für das Roastbeef

etwas	Pflanzenöl
500 g	Roastbeef mit oder ohne Fett
	Salz
	frisch gemahlener schwarzer Pfeffer
etwas	Senf
2	Knoblauchzehen, in Scheiben geschnitten
3	Zweige Rosmarin
3	Zweige Thymian

Für das Olivenpesto

100 g	grüne Oliven, entsteint
100 g	schwarze Oliven, entsteint
200 ml	Olivenöl
50 g	Pinienkerne
¼	Bund glatte Petersilie
1	Knoblauchzehe
etwas	Meersalz
	Saft von ½ Limette

Für die Majorangurken

2	Schlangengurken
3	dicke Kartoffeln
3	Schalotten
etwas	Olivenöl
	Salz
	frisch gemahlener schwarzer Pfeffer
¼	Bund Majoran, gehackt

Für das Roastbeef den Backofen auf 140 °C Umluft (160 °C Ober-/Unterhitze) vorheizen. In einer Pfanne das Pflanzenöl auf mittlerer Temperatur erhitzen. Das Roastbeef darin von allen Seiten anbraten. Mit Salz und Pfeffer würzen, dünn mit Senf einstreichen und etwa 35 Minuten im Ofen garen. Das Fleisch sollte auf Druck nur noch etwas nachgeben. Gibt es zu viel nach, noch etwas weitergaren.

Mit dem Knoblauch und den Kräutern belegen, in Alufolie wickeln und erkalten lassen. Auswickeln und in sehr dünne Scheiben schneiden.

Für das Olivenpesto alle Zutaten in einen Mixer geben, fein pürieren und nach Belieben abschmecken.

Für die Majorangurken die Gurken schälen, entkernen und würfeln. Die Kartoffeln schälen und würfeln, die Schalotten ebenfalls schälen und fein würfeln.

In einer Pfanne das Olivenöl erhitzen und die Kartoffeln darin anbraten, die Zwiebeln dazugeben, leicht durchschwenken und mit den Gurken zu Ende garen. Mit Salz, Pfeffer und Majoran abschmecken.

Die Rostbeefscheiben in Röllchen auf den Majorangurken arrangieren und Pesto daraufgeben.

Tafelspitz mit Bouillongemüse und Meerrettichsauce

Für 4 Personen
Zubereitung: 2 Stunden 20 Minuten

Für den Tafelspitz

1 kg Tafelspitz
200 g Suppengemüse (Knollensellerie, Karotte, Lauch, Zwiebel)
einige Wacholderbeeren, Pfefferkörner, Lorbeerblätter
2 Knoblauchzehen, gewürfelt
½ Bund glatte Petersilie, gehackt
Salz

Für das Bouillongemüse

etwas Butter
etwas Pflanzenöl
100 g Kartoffeln, gewürfelt
100 g Knollensellerie, gewürfelt
100 g Karotten, gewürfelt
100 g Lauch, gewürfelt
1 Gemüsezwiebel, gewürfelt
Salz
frisch geriebene Muskatnuss
½ Bund Schnittlauch, in feine Röllchen geschnitten

Für die Meerrettichsauce

100 ml Sahne
etwas Meerrettich (frisch gerieben oder aus dem Glas)
Salz
frisch gemahlener schwarzer Pfeffer
frisch geriebene Muskatnuss
etwas Speisestärke, mit Wasser angerührt

Für den Tafelspitz das Fleisch in einen Topf geben und mit Wasser bedecken. Aufkochen und mit einer Kelle abschäumen. Das Gemüse putzen und würfeln, die Gewürze mörsern und mit Knoblauch, Petersilie und Salz zum Tafelspitz geben. Bei niedriger Temperatur etwa 2 Stunden garen. Das Fleisch ist gar, wenn es sich beim Hineinstechen mit einer Gabel weich anfühlt. Den Tafelspitz in dünne Scheiben schneiden, die Kochflüssigkeit beiseitestellen.

Für das Bouillongemüse in einem Topf die Butter und das Pflanzenöl bei mittlerer Temperatur erhitzen und das Gemüse darin schwenken. Mit etwas Brühe vom Tafelspitz auffüllen und mit Salz, Muskat und Schnittlauch abschmecken.

Für die Meerrettichsauce in einem kleinen Topf 150 ml der Tafelspitzbrühe mit der Sahne aufkochen. Mit Meerrettich, Salz, Pfeffer und Muskat abschmecken. Nach Belieben mit etwas Speisestärke abbinden.

Sauerbraten mit Spitzkohl

Für 4 Personen
Zubereitung: 1 Stunde 30 Minuten,
plus 3–5 Tage Ruhezeit

Für den Sauerbraten

etwas	Pflanzenöl
1,2 kg	falsches Filet vom Rind
50 g	gemischte Gewürze (Zimt, Nelke, Anis, Muskat, Ingwer, Pfeffer, Sternanis, Piment, Kardamom)*
100 g	Zucker
300 ml	Rotwein
200 ml	Rotweinessig
	Saft von 5 Orangen
200 ml	Apfelsaft
1	Zimtstange

Für die Sauce

etwas	Pflanzenöl
50 g	Gemüsezwiebel, fein gewürfelt
50 g	Karotte, fein gewürfelt
50 g	Knollensellerie, fein gewürfelt
50 g	Lauch, fein gewürfelt
2 EL	Tomatenmark
100 ml	Malzbier
50 g	Rübenkraut
	Salz
100 g	Rosinen

Für den Spitzkohl

600 g	Spitzkohl
30 g	Butter
etwas	Schnittlauch, in feine Röllchen geschnitten
	Salz
	frisch geriebene Muskatnuss

Für den Sauerbraten in einer Pfanne das Pflanzenöl bei hoher Temperatur erhitzen. Das Fleisch darin von allen Seiten scharf anbraten, dann in eine Schüssel umfüllen. Die Gewürze in einem Mörser sehr fein mahlen (*alternativ bereits gemahlene Gewürze verwenden). In einem großen Topf die Gewürze, 1 l Wasser und die übrigen Zutaten aufkochen und heiß über den Braten gießen. Den Braten im Fond zum Marinieren 3–5 Tage kalt stellen.

Für die Sauce in einem Topf das Pflanzenöl bei hoher Temperatur erhitzen. Gemüsezwiebel, Karotte, Sellerie und Lauch darin anrösten. Das Tomatenmark dazugeben und kurz mitrösten. Mit Malzbier und dem Sauerbratenfond auffüllen. Alles einmal aufkochen, den Sauerbraten hineinlegen und leicht köcheln lassen. Der Braten ist gar, wenn er beim Einstechen mit einer Gabel eine weiche Konsistenz hat.

Den Braten herausnehmen und in 6 cm dicke Scheiben schneiden. Die Bratensauce durch ein Sieb in einen Topf passieren. Nach Belieben einkochen und mit Rübenkraut, Salz und den Rosinen abschmecken. Die Bratenscheiben in die Sauce legen und bis zum Anrichten ziehen lassen.

Den Spitzkohl in feine Streifen schneiden. In einer Pfanne die Butter zerlassen, den Kohl darin anschwitzen. Mit Schnittlauch, Salz und Muskat abschmecken. Dazu schmecken Salzkartoffeln.

Ochsenlende mit Trompetenpilzen auf Auberginenrisotto

Für 4 Personen
Zubereitung: 1 Stunde, plus Zeit zum Abkühlen

Für die Ochsenlende

50 g	getrocknete Trompetenpilze, 2 Stunden in Wasser eingeweicht
etwas	Olivenöl
2	Schalotten, gewürfelt
125 g	Butter, zerlassen
1	Knoblauchzehe, zerdrückt
5	Scheiben Weißbrot, fein gerieben
	Salz
	frisch gemahlener schwarzer Pfeffer
4	Ochsenlenden (je 160 g)

Für das Auberginenrisotto

etwas	Olivenöl
2	Schalotten, gewürfelt
200 g	Risottoreis
100 ml	Weißwein
1 l	warme Gemüsebrühe
	Salz
	frisch gemahlener schwarzer Pfeffer
100 g	Manchego, frisch gerieben
50 g	Butter
2	Auberginen, gewürfelt
1	Knoblauchzehe, gehackt
½ EL	gehackter Thymian
½ EL	gehackter Rosmarin

Für die Ochsenlende die Pilze abgießen, ausdrücken und fein hacken. In einer Pfanne das Olivenöl bei mittlerer Temperatur erhitzen. Die Schalotten und die Pilze darin anschwitzen, Butter und Knoblauch dazugeben, mit dem Weißbrot binden und mit Salz und Pfeffer abschmecken. Die Panade etwa 1 Stunde kalt stellen.

Den Backofen auf 200 °C Umluft (220 °C Ober-/Unterhitze) vorheizen. Die Ochsenlenden in einer ofenfesten Pfanne in etwas Olivenöl von beiden Seiten anbraten und salzen, ein wenig abkühlen lassen. Mit der Krustenpanade bestreichen und 8–10 Minuten im Ofen garen und gratinieren.

Für das Risotto in einer Pfanne etwas Olivenöl bei mittlerer Temperatur erhitzen. Die Schalottenwürfel und den Reis darin anschwitzen, mit Weißwein ablöschen und etwas Brühe angießen. Die Flüssigkeit vom Reis aufnehmen lassen und unter Rühren immer wieder Brühe nachgießen, bis der Reis weich und cremig ist. Mit Salz und Pfeffer abschmecken. Vor dem Anrichten Manchego und Butter unterheben.

In einer Pfanne etwas Olivenöl bei mittlerer Temperatur erhitzen. Die Auberginen darin kross anbraten und mit Knoblauch, Kräutern, Salz und Pfeffer abschmecken. Beim Anrichten über das Risotto geben. Als Sauce wird ein reduzierter Kalbsfond dazu gereicht (Rezept siehe Seite 206).

Lamm-Samosas auf gedämpftem Blumenkohl und Kartoffeln

Für 4 Personen
Zubereitung: 1 Stunde

Für die Lamm-Samosas

50 g	Butter, zerlassen
200 g	Weizenmehl (Type 405)
1	Prise Salz
300 g	Lammfleisch (Filet, Rücken oder Hüfte)
etwas	Olivenöl
etwas	Butter
3	Schalotten, gewürfelt
1 EL	Lammfond
1	Knoblauchzehe, zerdrückt
einige	Zweige Rosmarin und Thymian, gehackt
einige	Salbeiblätter, gehackt
	Salz
	frisch gemahlener schwarzer Pfeffer
1 l	Pflanzenfett zum Ausbacken

Für den Blumenkohl und die Kartoffeln

200 g	Blumenkohl, gewürfelt oder in Röschen geteilt
200 g	Kartoffeln, gewürfelt
einige	Lorbeerblätter
½	Knoblauchzehe, gehackt
1	kleine Zwiebel, gehackt

Für die Kräuterschmelze

etwas	Pflanzenöl
1	Schalotte, gewürfelt
100 g	Butter
1	Ei, gekocht und fein gehackt
100 g	Petersilie, Schnittlauch und Zitronenmelisse, gehackt
100 g	Weißbrot, gerieben
	Salz
	frisch gemahlener schwarzer Pfeffer
	frisch geriebene Muskatnuss

Für die Lamm-Samosas in einer Schüssel die Butter mit Mehl und Salz gut vermengen, 75 ml kaltes Wasser dazugeben und alles zu einem geschmeidigen Teig verarbeiten. Kühl stellen.

Das Lammfleisch in Streifen schneiden. In einer Pfanne das Olivenöl und etwas Butter bei mittlerer Temperatur erhitzen. Das Lammfleisch mit den Schalotten darin kurz anschwenken. Mit Lammfond, Knoblauch, Kräutern, Salz und Pfeffer würzen.

Den Teig dünn ausrollen. Dreiecke schneiden und jedes zweite mit 1 EL Fleischmischung belegen. Die Teigränder mit Wasser benetzen und mit einem zweiten Teigstück belegen, die Ränder andrücken und die Samosas in heißem Pflanzenfett frittieren.

Blumenkohl und Kartoffeln im Dampfeinsatz eines Kochtopfs garen. Dazu in den Topf 400 ml Wasser füllen und Lorbeer, Knoblauch und Zwiebel zugeben. Den Dampfeinsatz auf den Topf stellen. Die Kartoffeln 20–25 Minuten dämpfen, den Blumenkohl nach 10–20 Minuten dazugeben.

Für die Kräuterschmelze in einem Topf das Pflanzenöl bei mittlerer Temperatur erhitzen. Die Schalotte darin glasig werden lassen, dann die Butter zugeben und zerlassen. Das Ei mit den Kräutern und dem Weißbrot unterrühren und mit Salz, Pfeffer und Muskat abschmecken. Zum Anrichten über Kartoffeln und Blumenkohl geben.

Lamm-Kohlwickerl mit gebratenen Tomaten und Majoran-Joghurt

Für 4 Personen
Zubereitung: 40 Minuten

Für die Lamm-Kohlwickerl

etwas	Olivenöl
100 g	Schalotten, gewürfelt
1	Knoblauchzehe, gehackt
400 g	Lammhackfleisch
100 g	Kartoffeln, gekocht und gewürfelt
50 g	Parmesan, frisch gerieben
3	Eigelb
	Salz
	frisch gemahlener schwarzer Pfeffer
16	große Spitzkohlblätter, in Salzwasser blanchiert
etwas	Butter, zerlassen

Für die gebratenen Tomaten

etwas	Butter
etwas	Olivenöl
6	Fleischtomaten, in Scheiben geschnitten
einige	Zweige Thymian und Rosmarin, gehackt
einige	Salbeiblätter, gehackt
	Meersalz
	frisch gemahlener schwarzer Pfeffer

Für den Majoran-Joghurt

300 g	türkischer Joghurt
	Saft von 1 Limette
etwas	Olivenöl
1	Knoblauchzehe, zerdrückt
30 g	Majoran, gehackt
	Salz
	frisch gemahlener schwarzer Pfeffer

Für die Lamm-Kohlwickerl den Backofen auf 200 °C Umluft (220 °C Ober-/Unterhitze) vorheizen. In einer Pfanne Olivenöl bei mittlerer Temperatur erhitzen und darin die Schalottenwürfel mit dem Knoblauch anschwitzen, etwas erkalten lassen. Lammhackfleisch, Kartoffelwürfel, Parmesan, Eigelb und die Schalotten-Knoblauch-Mischung in eine Schüssel geben und alles gut vermengen. Mit Salz und Pfeffer abschmecken.

Die Spitzkohlblätter vom Strunk befreien, je zwei leicht überlappend nebeneinanderlegen, mit flüssiger Butter bepinseln und jeweils mit etwa 4 EL Hackteig belegen. Fest einrollen und nebeneinander in eine heiße ofenfeste Pfanne oder Form legen. Mit Olivenöl bestreichen und etwa 12 Minuten im Ofen garen.

Für die gebratenen Tomaten in einer Pfanne Butter und Olivenöl bei mittlerer Temperatur erhitzen. Die Tomatenscheiben hineinlegen und mit den gehackten Kräutern, Meersalz und Pfeffer und würzen. Dann 3–4 Minuten garen.

Für den Majoran-Joghurt in einer Schüssel alle Zutaten miteinander vermischen und abschmecken. Über die Wickerl träufeln und Tomaten anlegen.

Spieß von Lammfilet und Cassis-Schalotten mit Wiesenkräuter-Joghurt

Für 4 Personen
Zubereitung: 35 Minuten

Für die Lammspieße mit Schalotten

50 g	Butter, plus etwas Butter zum Braten
50 g	Zucker
½ TL	gemahlener Zimt
½ TL	gemahlener Ingwer
100 ml	Mark oder Saft von Schwarzen Johannisbeeren
100 ml	Rotwein
100 ml	Apfelsaft
	Saft von 1 Orange
etwas	Johannisbeeressig
	Salz
16	kleine rote Zwiebeln, geschält
4	Lammfilets
4	Rosmarinstiele oder Holzspieße
etwas	Olivenöl
	frisch gemahlener schwarzer Pfeffer

Für den Wiesenkräutern-Joghurt

300 g	Naturjoghurt
100 g	Wiesenkräuter-Mix (nach Saison), fein gehackt
etwas	Haselnussöl
etwas	Orangen- und Zitronensaft
	Salz
	frisch gemahlener schwarzer Pfeffer

Für die Lammspieße in einem Topf die Butter mit dem Zucker bei mittlerer Temperatur leicht karamellisieren. Mit Zimt und Ingwer bestauben. Die Flüssigkeiten zugeben. Mit etwas Salz abschmecken, die Zwiebeln ebenfalls dazugeben und sanft kochen, bis sie weich sind. Die Lammfilets in Würfel schneiden und abwechselnd mit den Zwiebeln auf Spieße stecken.

In einer Pfanne Olivenöl und Butter bei mittlerer bis hoher Temperatur erhitzen. Die Spieße hineinlegen, salzen und pfeffern. Unter ständigem Begießen etwa 6 Minuten braten.

Für den Wiesenkräuter-Joghurt den Naturjoghurt mit den gehackten Kräutern mischen und mit Haselnussöl, Orangen- und Zitronensaft sowie Salz und Pfeffer abschmecken.

Die Lammspieße mit dem Joghurt anrichten. Dazu passen in etwas Olivenöl gebratene, mit Salz und Pfeffer abgeschmeckte Zucchini- oder Auberginenscheiben.

Lammhaxe mit Schmorgemüse und Backkartoffeln

Für 4 Personen
Zubereitung: 2 Stunden 10 Minuten

Für die Lammhaxen

2	Gemüsezwiebeln
1	Karotte
¼	Sellerieknolle
2	Knoblauchzehen
50 ml	Olivenöl, plus etwas Olivenöl zum Anbraten
200 ml	Rotwein
50 ml	Balsamico
einige	Wacholderbeere, Lorbeerblätter, Pimentkörner, Korianderkörner
je 2	Zweige Rosmarin und Thymian, fein gehackt
5–6	Salbeiblätter, fein gehackt
	Meersalz
	frisch gemahlener schwarzer Pfeffer
4	Lammhaxen
etwas	kalte Butter

Für das Schmorgemüse

1	Gemüsezwiebel
1	Paprika
1	Zucchini
1	Aubergine
etwas	Olivenöl
1	Knoblauchzehe, gehackt
3 EL	Tomatenmark
1 Prise	Zucker
100 g	passierte Tomaten
	nach Belieben Thymian, Rosmarin, Basilikumblätter, gehackt
	Salz
	frisch gemahlener schwarzer Pfeffer

Für die Backkartoffeln

500 g	La-Ratte-Kartoffeln, halbiert
	nach Belieben Kräuter, gehackt
etwas	Knoblauch, zerdrückt
	Meersalz
	etwas Olivenöl

Für die Lammhaxen den Backofen auf 180 °C Umluft (200 °C Ober-/Unterhitze) vorheizen. Das Gemüse und den Knoblauch putzen und in kleine Würfeln schneiden. In einem Schmortopf etwas Olivenöl bei hoher Temperatur erhitzen und Gemüse und Knoblauch darin scharf anbraten. Mit etwas Wasser, dem Rotwein und dem Balsamico auffüllen. Die Gewürze im Mörser zerstoßen und über das Gemüse streuen. Die Kräuter mit Olivenöl, Meersalz und Pfeffer verrühren und 10 Minuten ziehen lassen. Die Haxen mit der Kräutermarinade gut einpinseln, dann auf das Gemüse setzen und 1 Stunde–1 Stunde 20 Minuten im Ofen garen. Die gegarten Haxen aus dem Bratensaft nehmen und im ausgeschalteten Ofen warm halten. Währenddessen den Bratensaft durch ein Sieb in einen Topf passieren und auf die Hälfte ein-

kochen. Mit etwas kalter Butter aufschlagen und mit Salz und Pfeffer abschmecken.

Für das Schmorgemüse das Gemüse putzen und fein würfeln. In einer Pfanne das Olivenöl mit dem Knoblauch bei hoher Temperatur erhitzen. Nach und nach Zwiebel, Paprika, Zucchini und Aubergine anbraten. Das Tomatenmark dazugeben, kurz anrösten, alles mit Zucker bestreuen und leicht karamellisieren lassen. Mit passierter Tomate auffüllen und mit gehackten Kräutern, Salz und Pfeffer abschmecken.

Für die Backkartoffeln nun den Backofen auf 200 °C Umluft (220 °C Ober-/Unterhitze) vorheizen. Die Kartoffeln auf ein Backblech legen und mit Kräutern, Knoblauch und Meersalz bestreuen, mit Olivenöl beträufeln und im Ofen goldgelb backen.

Brust von der Wildente mit Chicorée und Kräuterseitlingen

Für 4 Personen
Zubereitung: 35 Minuten

Für die Wildentenbrust

etwas	Olivenöl
4	Wildentenbrüste
	Salz
	frisch gemahlener schwarzer Pfeffer
100 ml	Rotwein
200 ml	Wildfond
50 g	Preiselbeeren
etwas	Majoran, gehackt

Für den Chicorée

50 g	Butter
4	Schalotten, in Streifen geschnitten
100 g	Rosinen
½ EL	Rohrzucker
6	Chicorées, in Streifen geschnitten
50 ml	Portwein
	Salz
	frisch gemahlener schwarzer Pfeffer

Für die Kräuterseitlinge

300 g	Kräuterseitlinge, gewürfelt
etwas	Butter
etwas	Pflanzenöl
etwas	glatte Petersilie, gehackt
	Salz
	frisch gemahlener schwarzer Pfeffer

Für die Wildentenbrust in einer Pfanne das Olivenöl bei mittlerer Temperatur erhitzen. Die Entenbrüste salzen, pfeffern und 6 Minuten darin braten. In Alufolie wickeln und ruhen lassen.

Den Bratensatz mit Rotwein und Wildfond ablöschen, auf die Hälfte einkochen und mit Preiselbeeren, Majoran, Salz und Pfeffer abschmecken.

Für den Chicorée in einer Pfanne die Butter bei mittlerer Temperatur zerlassen. Die Schalotten und die Rosinen darin anschwenken, mit Rohrzucker bestreuen und leicht karamellisieren lassen. Den Chicorée zugeben und schwenken. Mit Portwein ablöschen und mit Salz und Pfeffer abschmecken.

Die Kräuterseitlinge in Butter und Pflanzenöl scharf anbraten und mit gehackter Petersilie, Salz und Pfeffer abschmecken.

Zu Wildentenbrust mit Fond, Chicorée und Pilzen passen gut Servietten- oder Kartoffelknödel (Rezepte siehe Seite 210/211).

Fasanenbrust in Serranoschinken mit Dattel-Reis-Pfanne

Für 4 Personen
Zubereitung: 45 Minuten

Für die Fasanenbrust

4	Fasanenbrüste ohne Haut
	frisch gemahlener schwarzer Pfeffer
20 g	Butter, zerlassen
8	Salbeiblätter
8	Scheiben Serranoschinken
etwas	Traubenkernöl
2	Schalotten, gewürfelt
	Crème fraîche zum Servieren

Für die Dattel-Reis-Pfanne

150 g	Basmatireis
	Salz
½ TL	gemahlener Zimt
1	Gemüsezwiebel
1	Stange Lauch
50 g	Datteln ohne Kern
50 g	Butter
50 g	Rosinen
30 g	Walnüsse, zerdrückt
200 ml	Hühnerbrühe
	frisch gemahlener schwarzer Pfeffer
etwas	Knoblauch, gehackt
etwas	Tandooripaste (aus dem Asiashop)

Für die Fasanenbrust den Backofen auf 200 °C Umluft (220 °C Ober-/Unterhitze) vorheizen. Die Fasanenbrüste pfeffern, mit flüssiger Butter bepinseln, auf jede Brust zwei Salbeiblätter legen und die Brüste in jeweils zwei Scheiben Serranoschinken einwickeln. In einer ofenfesten Pfanne das Traubenkernöl erhitzen, die Schalottenwürfel und die Fasanenbrüste hineinlegen und im Ofen in 8–10 Minuten garen.

Für die Dattel-Reis-Pfanne den Reis mit 300 ml Wasser, Salz und Zimt aufkochen. Den Topf von der Herdplatte nehmen und den Reis bei aufgesetztem Deckel ziehen lassen, bis er die Flüssigkeit komplett aufgenommen hat.

Währenddessen Zwiebel und Lauch putzen und fein würfeln, die Datteln ebenfalls fein würfeln. In einem Topf die Butter zerlassen. Das Gemüse, die Datteln und die Rosinen zugeben, erwärmen und mit Butter überziehen. Den Reis und die Walnüsse zugeben, mit der Brühe auffüllen und alles aufkochen. Mit Salz, Pfeffer, Knoblauch und Tandooripaste abschmecken.

Zum Servieren auf die Fasanbrüste jeweils eine Nocke Crème fraîche geben und auf dem Reis anrichten.

Kaninchenfilet im Kürbiskernmantel mit Morchelrisotto

Für 4 Personen
Zubereitung: 2 Stunden 20 Minuten

Für die Kaninchenfilets

4	Kaninchenrücken mit Knochen
20 g	Butter
2	Schalotten, in Ringe geschnitten
	Salz
	frisch gemahlener schwarzer Pfeffer
20 ml	Kürbiskernöl
50 g	Kürbiskerne, fein zerdrückt
5	Salbeiblätter

Für die Sauce

etwas	Olivenöl
½	Karotte, gewürfelt
30 g	Knollensellerie, gewürfelt
4	Schalotten, gewürfelt
¼	Stange Lauch, gewürfelt
1 EL	Tomatenmark
30 ml	Rotwein
30 ml	dunkler Balsamico
	Salz
1 EL	Wacholderbeeren, Pfefferkörner und Lorbeerblätter, gemörsert
2	Zweige Rosmarin
2	Zweige Thymian
100 ml	Sahne
	frisch gemahlener schwarzer Pfeffer

Für das Morchelrisotto

20 g	getrocknete Morcheln
50 g	Butter, plus Butter zum Anschwitzen
3	Schalotten, gewürfelt
400 g	Risottoreis
100 ml	Weißwein
1 l	warme Rinderbrühe
	nach Belieben Parmesan, frisch gerieben
	Salz
	frisch gemahlener schwarzer Pfeffer

Die Kaninchenfilets mit einem Messer aus dem Rücken trennen und von der feinen Silberhaut befreien, da sie beim Braten zäh werden könnte. Beiseitestellen und die Knochen für die Sauce aufheben.

In einer Pfanne bei mittlerer Temperatur die Butter zerlassen. Die Schalotten darin glasig werden lassen. Die Filets dazugeben und von allen Seiten anbraten, mit Salz und Pfeffer würzen.

Das Kürbiskernöl, die Kürbiskerne und den Salbei dazugeben und die Filets unter ständigem Beträufeln 6 Minuten garen. Aus der Pfanne nehmen und in Alufolie warm halten.

Für die Sauce die Knochen in 4 cm x 4 cm große Stücke hacken. In einer Pfanne das Olivenöl bei mittlerer Temperatur erhitzen und die Knochen darin anbraten. Das Gemüse dazugeben und mitrösten.

Tomatenmark ebenfalls dazugeben, leicht anrösten und mit Rotwein und Balsamico ablöschen. Mit Wasser auffüllen, leicht salzen und bei niedriger Temperatur aufkochen. Mit einem Schaumlöffel das Fett abschöpfen. Die Gewürze und Kräuter dazugeben und alles 1 Stunde köcheln lassen.

Den Fond durch ein Tuch in einen Topf passieren und auf etwa 200 ml einkochen. Die Sahne dazugeben und mit Salz und Pfeffer abschmecken.

Für das Risotto die Morcheln in kaltem Wasser einweichen. Ausdrücken und klein schneiden. In einer Pfanne die Butter bei mittlerer Temperatur zerlassen. Die Pilze und die Schalottenwürfel darin schwenken. Den Reis dazugeben und bei mittlerer Temperatur anschwitzen, er sollte nicht am Topfboden ansetzen. Mit Weißwein ablöschen und die Flüssigkeit etwas einkochen, unter Rühren Brühe nach Bedarf dazugeben. Risotto in 12–15 Minuten fertig kochen. Butter und Parmesan nach Belieben unterheben und würzen.

Kaninchenstrudel auf Antipasti-Gemüse und Pesto

Für 4 Personen
Zubereitung: 50 Minuten

Für die Kaninchenstrudel

etwas Olivenöl
2 Gemüsezwiebeln, gewürfelt
4 Rückenfilets vom Kaninchen
Salz
frisch gemahlener schwarzer Pfeffer
4 Strudelteigblätter
100 g Butter, zerlassen
4 Scheiben roher Schinken

Für das Antipasti-Gemüse

100 ml Olivenöl
2 Karotten, in Scheiben geschnitten
50 g Oliven ohne Stein, fein gewürfelt
50 g getrocknete Tomaten, eingeweicht und in Streifen geschnitten
5 Schalotten, in Ringe geschnitten
100 g Champignons, in Scheiben geschnitten
100 g Artischocken aus dem Glas, gewürfelt
1 Knoblauchzehe, zerdrückt
½ EL gehackter Rosmarin
½ EL gehackter Thymian
100 ml Balsamico
Salz
frisch gemahlener schwarzer Pfeffer

Für das Pesto

300 g Basilikumblätter
150 ml Olivenöl
1 Knoblauchzehe, geschält
50 g Pinienkerne, geröstet
Salz
frisch gemahlener schwarzer Pfeffer

Für die Kaninchenstrudel den Backofen auf 200 °C Umluft (Ober-/Unterhitze 220 °C) vorheizen. In einer kleinen Pfanne Olivenöl bei mittlerer Temperatur erhitzen und die Zwiebelwürfel darin glasig werden lassen. In einer größeren Pfanne Olivenöl bei mittlerer Temperatur erhitzen. Die Kaninchenfilets salzen, pfeffern und darin goldgelb anbraten.

Die Strudelteigblätter ausbreiten und mit der Butter bepinseln. Jeweils eine Schinkenscheibe auf den Teig legen, den Schinken mit Zwiebeln belegen und ein Kaninchenrückenfilet daraufgeben. Fest einrollen und auf einem Blech im Ofen 10 Minuten backen.

Für das Antipasti-Gemüse in einer Pfanne das Olivenöl bei mittlerer Temperatur erhitzen. Das Gemüse nacheinander – die festen Sorten zuerst, dann die weicheren – darin anbraten. Den Knoblauch und die Kräuter zugeben. Mit Balsamico ablöschen und nach Belieben würzen. Auf ein Blech geben und erkalten lassen. Vor dem Anrichten noch einmal mit Salz, Pfeffer und Balsamico abschmecken.

Für das Pesto alle Zutaten (wichtig: sie müssen kalt sein) in einen Mixer geben und schnell zu einer festen Paste mixen. Das Pesto kalt stellen und zum Anrichten einen großen Tupfer davon neben Kaninchenstrudel und Gemüse setzen.

Kaninchenkrapfen mit Karottenragout und Koriander

Für 4 Personen
Zubereitung: 45 Minuten

Für die Kaninchenkrapfen

200 g	Quark, ausgedrückt
250 g	Weizenmehl (Type 405)
100 g	Kartoffeln, gerieben und ausgedrückt
2	Eier
1 EL	Mehl
½ EL	Backpulver
	Salz
	frisch geriebene Muskatnuss
	frisch gemahlener schwarzer Pfeffer
etwas	Olivenöl
3	Kaninchenfilets, gewürfelt
	Frittierfett

Für das Karottenragout

50 g	Butter
500 g	Karotten, gewürfelt
1	Gemüsezwiebel, gewürfelt
100 g	Champignons, gewürfelt
	Salz
	frisch gemahlener schwarzer Pfeffer
	frisch geriebene Muskatnuss
100 g	Crème fraîche
½	Bund Koriander, gehackt

Für die Kaninchenkrapfen alle Zutaten bis auf das Olivenöl, das Kaninchenfleisch und das Frittierfett in einer Schüssel gut miteinander zu einem Krapfenteig rühren.

In einer Pfanne das Olivenöl bei mittlerer Temperatur erhitzen und das Kaninchenfleisch darin sanft anbraten. Mit Salz und Pfeffer würzen und die Filetwürfel mit dem Krapfenteig ummanteln.

In einem großen Topf oder einer Fritteuse das Frittierfett auf 160–170 °C erhitzen und die Krapfen darin etwa 5 Minuten goldgelb ausbacken.

Für das Karottenragout in einer Pfanne die Butter bei mittlerer Temperatur zerlassen. Die Karotten, Zwiebel und Champignons darin anbraten. Mit Salz, Pfeffer und Muskat würzen. Crème fraîche und Koriander dazugeben und das Gemüse kurz garkochen.

Kaninchenkeule mit Blumenkohl und Thymiankartoffeln

Für 4 Personen
Zubereitung: 2 Stunden 40 Minuten

Für die Kaninchenkeulen

60 g	Mehl
4	Kaninchenkeulen
20 ml	Pflanzenöl
200 g	Röstgemüse (Karotte, Zwiebel, Knollensellerie, Lauch), klein gewürfelt
3 EL	Tomatenmark
100 ml	Rotwein
2	Lorbeerblätter
4	Wacholderbeeren
1	Pimentkorn
	Salz
4	Scheiben von einer unbehandelten Orange
	frisch gemahlener schwarzer Pfeffer
	nach Belieben Speisestärke

Für den Blumenkohl

1	Blumenkohl
etwas	Butter
etwas	Olivenöl
etwas	Gemüsebrühe
	Salz
	frisch gemahlener schwarzer Pfeffer
	frisch geriebene Muskatnuss
1 EL	gehackte glatte Petersilie

Für die Thymiankartoffeln

300 g	kleine Kartoffeln (La Ratte oder Bamberger Hörnchen), in der Schale gegart und halbiert
	Salz
etwas	Olivenöl
2	Zweige Rosmarin, gehackt
2	Zweige Thymian, gehackt
3	Knoblauchzehen, gehackt

Für das Kaninchen den Backofen auf 80–100 °C Umluft (100–120 °C Ober-/Unterhitze) vorheizen. Mehl auf einen Teller geben und die Keulen darin wenden. In einem ofenfesten Topf das Pflanzenöl bei mittlerer Temperatur erhitzen. Die Keulen darin von beiden Seiten goldgelb anbraten, aus dem Topf nehmen und beiseitestellen. Das Gemüse in den Topf geben und anbraten. Das Tomatenmark dazugeben, kurz mitrösten und mit Rotwein ablöschen.

Die Gewürze im Mörser zerstoßen und zum Röstgemüse geben. Die Kaninchenkeulen wieder in den Topf legen, salzen und mit Wasser auffüllen. Jede Keule mit einer Orangenscheibe belegen und die Keulen etwa 2 Stunden im Ofen garen. Gegebenenfalls mehr Wasser zugeben und von Zeit zu Zeit mit einer Gabel testen, ob das Fleisch gar ist. Die Keulen aus dem Ofen nehmen, in Alufolie wickeln und im Ofen bei 80 °C warm halten.

Das Gemüse und den Bratensaft aus dem Topf durch ein Sieb in einen weiteren Topf passieren. Abschmecken und nach Belieben mit etwas Speisestärke abbinden. Vor dem Servieren noch einmal erwärmen.

Für die Gemüsebeilage den Blumenkohl in kleine Röschen zerteilen. In einer Pfanne die Butter bei mittlerer Temperatur zerlassen und mit dem Olivenöl erhitzen. Den Blumenkohl dazugeben und garen. Setzt der Blumenkohl am Topfboden an, mit etwas Brühe ablöschen. Mit Salz, Pfeffer und Muskat abschmecken und mit Petersilie vermengen.

Für die Thymiankartoffeln den Backofen auf 200 °C Umluft (220 °C Ober-/Unterhitze) vorheizen. Die Kartoffeln auf ein Backblech legen. Salzen, mit Olivenöl beträufeln und mit Rosmarin, Thymian und Knoblauch bestreuen. Im Ofen goldgelb und knusprig backen. Das Kaninchen auf dem Blumenkohl anrichten, die Kartoffeln darum herum drapieren.

Wildschweinbraten mit Serviettenknödel und Fenchelgemüse

Für 4 Personen
Zubereitung: 3 Stunden

Für den Wildschweinbraten

1	Wildschweinkeule (etwa 1,5 kg, Oberschale oder Unterschale)
	Salz
	frisch gemahlener schwarzer Pfeffer
etwas	Pflanzenöl
800 g	Schalotten, geschält
5 EL	Tomatenmark
200 ml	Rotwein
400 ml	Gemüsebrühe
200 g	getrocknete Tomaten, eingeweicht und in Streifen geschnitten
½ EL	Speisestärke, mit Wasser angerührt

Für den Serviettenknödel

1 Portion Serviettenknödel (Rezept siehe Seite 211)

Für das Fenchelgemüse

etwas	Butter
20 ml	Olivenöl
500 g	Fenchel, in Scheiben geschnitten
20	Fenchelsaat, fein gemahlen
	Salz
	frisch gemahlener schwarzer Pfeffer
etwas	Fenchelgrün, fein geschnitten

Für den Wildschweinbraten den Backofen auf 190 °C Umluft (210 °C Ober-/Unterhitze) vorheizen. Das Fleisch mit Salz einreiben und mit Pfeffer würzen.

In einer Kasserolle das Pflanzenöl bei mittlerer Temperatur erhitzen, das Fleisch darin von allen Seiten anbraten. Die Schalotten zugeben und kurz mitbraten. Das Tomatenmark zu den Schalotten geben, leicht rösten und alles mit Rotwein ablöschen. Den Rotwein reduzieren, mit einem Teil der Gemüsebrühe auffüllen und die Tomatenstreifen zugeben.

Die Kasserolle mit Deckel für 2–2½ Stunden in den Ofen stellen. Mit einem Spieß testen, ob das Fleisch weich ist, sonst weitergaren. Die restliche Brühe in zwei Schritten zugießen und den Braten im Ofen immer wieder wenden. Wird die Sauce nicht sämig genug, den Braten kurz in Alufolie einwickeln und die Sauce mit etwas Speisestärke abbinden. Mit Salz und Pfeffer abschmecken.

Für das Fenchelgemüse in einer Pfanne Butter und Olivenöl bei mittlerer Temperatur erhitzen. Die Fenchelscheiben darin braten. Mit Fenchelsaat, Salz, Pfeffer und Fenchelgrün abschmecken.

Bratenscheiben mit Sauce und Knödelscheiben anrichten und mit Fenchelgemüse servieren.

Altenmünster
BIER

Maibockfilet mit Radieschen und Bockbier-Sabayon

Für 4 Personen
Zubereitung: 30 Minuten

Für die Maibockfilets

4	Maibockfilets oder kleine Rückenstränge (je 120–140 g)
	Salz
	frisch gemahlener schwarzer Pfeffer
etwas	Traubenkernöl
etwas	Butter
einige	Rosmarinnadeln
2	Wacholderbeeren

Für die Radieschen

30 g	Butter
1 TL	Rohrzucker
30	Radieschen, in Viertel geschnitten
8	Lauchzwiebeln, in kleine Stücke geschnitten
30	Weintrauben, halbiert
	Meersalz

Für die Bockbier-Sabayon

250 ml	Bockbier
3	Eigelb
etwas	Rübenkraut
etwas	Majoran, gehackt
	Meersalz

Für die Maibockfilets das Fleisch salzen und pfeffern. In einer Pfanne das Traubenkernöl und die Butter bei mittlerer Temperatur erhitzen. Das Fleisch darin mit Rosmarinnadeln und den Wacholderbeeren 7–8 Minuten braten. Immer wieder mit der Butter begießen, dann bis zum Anrichten in Alufolie ruhen lassen.

Für die Radieschen in einer Pfanne die Butter mit dem Rohrzucker leicht karamellisieren lassen. Radieschen, Lauchzwiebeln und Weintrauben dazugeben und anschwenken. Mit Meersalz abschmecken.

Für die Bockbier-Sabayon in einem Topf alle Zutaten vermischen und im Wasserbad unter ständigem Rühren zügig aufschlagen. Dabei sollte eine schaumige Creme entstehen mit einer Temperatur von 70 °C. Den Topf aus dem Wasserbad nehmen und die Creme, nun etwas abgekühlt, kurz weiterschlagen, damit die Festigkeit erhalten bleibt.

Die Maibockfilets zum Servieren auf Radieschen, Lauchzwiebeln und Weintrauben setzen und alles großzügig mit Bockbier-Sabayon beträufeln.

Maibockfilet mit Malzrhabarber

Für 4 Personen
Zubereitung: 40 Minuten

Für das Maibockfilet

4	Maibockfilets (je 120 g)
	Salz
	frisch gemahlener schwarzer Pfeffer
etwas	Traubenkernöl
3	Wacholderbeeren
1	Lorbeerblatt
etwas	Butter
1	Zweig Rosmarin
2 cl	Portwein
100 g	Crème fraîche

Für den Malzrhabarber

600 g	Rhabarber, geputzt
50 g	kalte Butter, gewürfelt, plus etwas Butter zum Abbinden
30 g	Rohrzucker
100 ml	Brühe
100 ml	Malzbier
	Meersalz

Für das Maibockfilet das Fleisch mit Salz und Pfeffer würzen. In einer ofenfesten Pfanne das Traubenkernöl bei mittlerer Temperatur erhitzen. Die Filets in der Pfanne von allen Seiten anbraten. Wacholderbeeren und Lorbeerblatt dazugeben und das Fleisch bei niedriger Temperatur auf dem Herd – alternativ bei 180 °C Umluft (200 °C Ober-/Unterhitze) im Backofen – etwa 7–8 Minuten garen. Nach 5 Minuten Garzeit die Butter und den Rosmarin in die Pfanne geben und die Filets immer wieder mit der Butter begießen. Vor dem Anrichten die Filets in Alufolie 2–3 Minuten ruhen lassen.

Den Bratensatz mit Portwein ablöschen und die Crème fraîche mit einem Schneebesen einrühren.

Für den Malzrhabarber den Rhabarber in kleine Stücke schneiden. In einer Pfanne etwas Butter zerlassen und den Rhabarber darin kurz anschwenken. Mit Rohrzucker bestreuen und leicht karamellisieren lassen. Mit Brühe und Malzbier auffüllen und garen, der Rhabarber sollte aber noch Biss haben.

Den Rhabarber aus dem Sud nehmen und den Sud mit kalter Butter abbinden. Mit Meersalz abschmecken.

Die Filets auf ein Rhabarberbett setzen und kräftig mit Sud beträufeln. Dazu passen Spätzle, Schupfnudeln oder Serviettenklöße.

Medaillons vom Damhirsch mit Herzkirschen und jungem Lauch

Für 4 Personen
Zubereitung: 2 Stunden,
plus 5 Stunden zum Trocknen

Für die Herzkirschen

300 g	Herzkirschen, entsteint
50 g	Zucker
100 ml	Portwein
100 ml	Rotwein
1 Msp.	gemahlener Zimt
1 Msp.	Vanillemark

Für die Damhirschmedaillons

etwas	Haselnussöl
600 g	Medaillons vom Damhirschrücken
	Salz
	frisch gemahlener schwarzer Pfeffer
20 g	Butter, plus Butter für die Sauce
2	Wacholderbeeren, leicht angedrückt
1 TL	Rosmarinnadeln
1–2	Salbeiblätter, in Streifen geschnitten
	trockener Sherry zum Ablöschen

Für den Lauch

5	Stangen junger Lauch, in Ringe geschnitten
	Salz
20 g	Butter
etwas	Traubenkernöl
	frisch geriebene Muskatnuss

Für die Kartoffel-Mais-Plätzchen

400 g	Pellkartoffeln, zerstampft
40 g	Butter, zerlassen, plus Butter zum Braten
50 g	Weizenmehl (Type 405)
2	Eigelb
100 g	Mais aus der Dose
	Salz
	frisch gemahlener schwarzer Pfeffer
	frisch geriebene Muskatnuss

Für die Herzkirschen den Backofen auf 80 °C Umluft (100 °C Ober-/Unterhitze) vorheizen. Die Kirschen 5 Stunden im Ofen trocknen. Alle anderen Zutaten in einem Topf bei niedriger Temperatur leicht einkochen. Die Kirschen 1 Stunde darin ziehen lassen.

Für die Medaillons in einer Pfanne das Haselnussöl erhitzen. Die Hirschmedaillons salzen, pfeffern und bei niedriger bis mittlerer Temperatur 7 Minuten darin braten. Nach 3 Minuten die Butter, Gewürze und Kräuter in die Pfanne geben und die Medaillons immer wieder mit der schäumenden Butter begießen. Das Fleisch aus der Pfanne nehmen und kurz in Alufolie gewickelt ruhen lassen, zum Servieren aufschneiden. Den Bratensaft mit Sherry ablöschen und mit einem Stich Butter aufschlagen.

Den Lauch in Salzwasser blanchieren, abschrecken. In einer Pfanne bei mittlerer Temperatur die Butter zerlassen und den Lauch darin schwenken. Mit Traubenkernöl, Salz und Muskat abschmecken.

Für die Plätzchen die Kartoffeln mit Butter, Mehl, Eigelb, Mais und Gewürzen zu einem Teig verarbeiten. Kleine Plätzchen daraus in Butter goldbraun braten.

Hirschfilet mit Buchweizenküchlein und Preiselbeeren

Für 4 Personen
Zubereitung: 1 Stunde 20 Minuten

Für die Hirschfilets

4 Hirschfilets (je 120 g)
Salz
frisch gemahlener schwarzer Pfeffer
etwas Traubenkernöl
3 Wacholderbeeren
1 Lorbeerblatt
etwas Butter
4 Zweige Rosmarin

Für die Buchweizenküchlein

100 g Weizenmehl (Type 405)
50 g Buchweizenmehl
300 ml Buttermilch
2 Eier
30 g Butter, zerlassen, plus Butter für die Pfanne
30 g Zucker
etwas Orangensaft
Salz

Für die Preiselbeeren

200 g Preiselbeeren
80 g Rohrzucker
Saft und abgeriebene Schale einer unbehandelten Zitrone
Saft und abgeriebene Schale einer unbehandelten Orange
125 ml Rotwein
etwas gemahlener Zimt
etwas gemahlener Ingwer

Für die Kräuterseitlinge

8 Scheiben Kräuterseitling
etwas Butter
Salz
frisch gemahlener schwarzer Pfeffer

Für die Hirschfilets das Fleisch mit Salz und Pfeffer würzen. In einer Pfanne das Traubenkernöl bei mittlerer Temperatur erhitzen. Die Filets in der Pfanne beidseitig anbraten. Wacholder und Lorbeer dazugeben und bei niedriger Temperatur in 7–8 Minuten garen. Nach 5 Minuten Garzeit die Butter und den Rosmarin in die Pfanne geben, die Filets immer wieder mit Butter beträufeln. Vor dem Anrichten die Filets in Alufolie 2–3 Minuten ruhen lassen.

Für die Buchweizenküchlein beide Mehlsorten in eine Schüssel sieben und mit der Buttermilch verrühren. Die Eier in einer kleinen Schüssel mit einem Schneebesen kräftig schlagen. Mit der Butter und dem Zucker unter den Teig rühren. Mit Orangensaft und Salz abschmecken. Eine beschichtete Pfanne erhitzen, mit Butter auspinseln und mit einem Löffel kleine Teigküchlein in die Pfanne geben. Von beiden Seiten braten, bis sie Farbe haben.

Für die Preiselbeeren die Beeren gut waschen und verlesen. Mit den übrigen Zutaten in einen Topf geben und alles 20–25 Minuten einkochen. Mit einem Pürierstab leicht verrühren.

Für die Pilze die Kräuterseitlingsscheiben in einer Pfanne von beiden Seiten in Butter braten. Mit Salz und Pfeffer würzen.

Rahmgulasch vom Damhirsch mit Äpfeln und Calvados-Sabayon

Für 4 Personen
Zubereitung: 2 Stunden

Für das Rahmgulasch vom Damhirsch

50 ml	Traubenkernöl
1,2 kg	Hirschfleisch aus der Keule, gewürfelt
400 g	Zwiebeln, gewürfelt
100 g	Karotten, gewürfelt
100 g	Knollensellerie, gewürfelt
2 EL	Tomatenmark
300 ml	Rotwein
300 g	Wacholderbeeren, Lorbeerblätter, Pimentkörner, Sternanis, Zimtstange, miteinander zerstoßen
	Salz
	frisch gemahlener schwarzer Pfeffer
etwas	Thymian, gehackt
50 ml	Sherry
200 ml	Sahne
etwas	Speisestärke, mit Wasser angerührt
3	Äpfel, gewürfelt
300 g	Kartoffeln, geschält gekocht und gewürfelt

Für die Calvados-Sabayon

50 ml	Calvados
100 ml	Apfelsaft
100 ml	Gemüsebrühe
etwas	Zucker
	Salz
5	Eigelb

Für das Gulasch in einem großen Topf das Traubenkernöl bei hoher Temperatur erhitzen und darin die Fleischwürfel scharf anbraten. Das Fleisch aus dem Topf nehmen und beiseitestellen. Das gewürfelte Gemüse im Topf kurz schmoren. Das Tomatenmark dazugeben, leicht anrösten und mit Rotwein ablöschen. Den Rotwein reduzieren und das Fleisch zurück in den Topf geben. Mit warmem Wasser bedecken und alles einmal aufkochen. Die Gewürze in einen Teefilter geben, zubinden und mit in den Topf geben. Mit Salz, Pfeffer, Thymian und Sherry abschmecken. Dann 1 Stunde 30 Minuten oder bis das Fleisch weich ist leicht unter dem Siedepunkt weitergaren. Die Sahne angießen und alles noch etwas köcheln lassen. Nach Belieben die Sauce mit etwas Speisestärke abbinden.

Vor dem Anrichten die Äpfel und Kartoffeln unterheben und kurz miterwärmen.

Für die Sabayon alle Zutaten in einem Topf oder einer Metallschüssel, die auf einen großen Topf passt, vermengen und im Wasserbad unter ständigem Rühren mit einem Schneebesen aufschlagen. Die Mischung muss eine Temperatur von 70 °C erreichen, da bei dieser Temperatur das Eigelb bindet. Vom Wasserbad nehmen und kalt noch etwas weiterrühren, da sich dann die Konsistenz besser hält. Die Sabayon beim Anrichten auf das Gulasch geben.

GRUNDREZEPTE & BEILAGEN

Frische Beilagen machen Arbeit – aber was gibt es Schöneres als frische Ravioli, Tortellini, Klöße oder Serviettenknödel? Die Geschmacksnote selbst gemachter Beilagen lässt sich, etwa durch unterschiedliche Füllungen, leicht variieren. Frische Beilagen lassen sich gut auf Vorrat zubereiten.

Saucen

Kalbsfond

5 kg	Kalbsknochen, in 5 cm x 5 cm große Stücke gehackt
100 ml	Sonnenblumenöl
800 g	Wurzelgemüse (Zwiebel, Karotte, Knollensellerie, Lauch), in walnussgroße Stücke geschnitten
4 EL	Tomatenmark
300 g	Tomaten, geviertelt
½	Bund glatte Petersilie
10	Zweige Thymian
	Salz

Die Kalbsknochen Backofen bei 200 °C Umluft (220 °C Ober-/Unterhitze) dunkelbraun rösten.

In einem sehr großen Topf das Sonnenblumenöl bei hoher Temperatur erhitzen, das Wurzelgemüse dazugeben und scharf anbraten. Das Tomatenmark einrühren und kurz anrösten. Die Tomaten und die Kräuter dazugeben. Die gerösteten Knochen untermischen. Noch kurz weiterbraten und dann mit 6–9 l kaltem Wasser auffüllen, etwas salzen.

Den Fond zum Kochen bringen und mit einer Kelle den aufsteigenden Schaum abschöpfen. Die Temperatur reduzieren und mit einer Kelle das Fett von der Oberfläche abschöpfen. Den Fond 3 Stunden köcheln lassen, immer wieder entfetten, aber nicht umrühren, da der Fond sonst trüb werden könnte.

Reduktion

300 ml	Rotwein
100 ml	Balsamico
je 10	Wacholderbeeren, Pfefferkörner, Pimentkörner, Koriander
2	Lorbeerblätter
1	Portion Fond (siehe oben)

Für die Reduktion alle Zutaten bis auf den Fond miteinander in einem großen Topf auf 100 ml einkochen. Ein Sieb mit einem feuchten Tuch auslegen und den Fond auf die Reduktion passieren. Bei hoher Temperatur einkochen. Je mehr die Flüssigkeit einkocht, umso kräftiger wird der Geschmack.

Jus

etwas	Thymian, Rosmarin und Salbei, fein gehackt
50 ml	Portwein
1	Portion Reduktion (siehe oben)

Für die Jus die Kräuter und den Portwein zur Reduktion geben. Kurz mitkochen und die Jus durch ein feines Sieb in Vorratsbehälter gießen. Kalt stellen oder einfrieren.

Eine Jus ist eine Grundsauce für viele Gerichte. Der Aufwand lohnt sich erst durch das Kochen einer größeren Menge auf Vorrat. Die Jus am besten in kleinen Schraubdeckelgläsern aufbewahren oder in Eiswürfelschalen gießen und die Portionen zur späteren Verwendung einfrieren. Die Grundjus lässt sich vielfältig abwandeln, etwa mit gewürfelten Schalotten, gehackten Kräutern, Pilzen oder Morcheln, Portwein, Sherry, Cognac, Orangensaft, Preiselbeeren oder Heidelbeeren. Die Jus ist die Basis, die mit Sahne, Butter oder Crème fraîche verlängert wird. Ist die Jus etwas zu flüssig, mit Speisestärke abbinden – der Geschmack ist neutral und die Jus bleibt schön klar.

Ketchup

20	reife Tomaten
50 ml	Olivenöl
8	Schalotten, fein gewürfelt
1	Knoblauchzehe, fein gehackt
1 EL	Rohrzucker
100 ml	Gemüsebrühe
	Salz
	frisch gemahlener schwarzer Pfeffer

Für das Ketchup die Tomaten kurz blanchieren und enthäuten, vierteln und entkernen.

In einem Topf das Olivenöl bei mittlerer Temperatur erhitzen. Die Schalotten und den Knoblauch darin anschwitzen. Den Rohrzucker in den Topf geben, leicht karamellisieren und mit der Brühe ablöschen. Die Tomaten in den Topf geben und musig kochen. Diese Tomatensauce fein pürieren. Zurück in den Topf gießen und zur gewünschten Ketchup-Konsistenz einkochen. Mit Salz und Pfeffer abschmecken und heiß in Gläser oder Flaschen füllen. Dieses Ketchup eignet sich als Dip, verfeinert Suppen und Saucen und kann beliebig aromatisiert werden.

Curry-Ketchup

20 ml	Erdnussöl
4	Schalotten, fein gehackt
1½ EL	Rohrzucker
1 TL	Currypulver
½ TL	Fünf-Gewürze-Pulver
½ Msp.	Chilipulver
1½ EL	Reisessig
2 EL	Sojasauce
300 ml	Ketchup (siehe oben)
	Salz

Für das Curry-Ketchup in einem Topf das Erdnussöl bei mittlerer Temperatur erhitzen und darin die Schalotten glasig werden lassen.

Rohrzucker, Currypulver, Fünf-Gewürze-Pulver und Chilipulver über die Schalotten streuen und leicht rösten, bis die Gewürze beginnen zu duften. Mit Reisessig und Sojasauce ablöschen und mit Ketchup auffüllen. Kurz aufkochen und mit Salz abschmecken.

Salsa

30 ml	Maiskeimöl
100 g	gelbe Paprika, sehr fein gewürfelt
4	Schalotten, sehr fein gewürfelt
100 g	Salatgurke, sehr fein gewürfelt
50 g	Mais aus der Dose
1	Knoblauchzehe, fein gehackt
20 ml	Orangensaft
300 ml	Ketchup (siehe oben)
wenig	Chilipulver
etwas	Majoran, fein gehackt
etwas	Thymian, fein gehackt
	Salz
	frisch gemahlener schwarzer Pfeffer

Für die Salsa in einem Topf das Maiskeimöl bei mittlerer Temperatur erhitzen. Paprika, Schalotten, Gurke, Mais und Knoblauch in dem heißen Öl anschwitzen. Mit Orangensaft ablöschen und das Ketchup zugießen. Alles aufkochen und mit Chilipulver, den Kräutern, Salz und Pfeffer abschmecken.

Fischsauce

200 ml	Fischfond
20 ml	Weißwein
2 cl	Noilly Prat
200 ml	Sahne
½	Limette
	Salz

Für die Fischsauce in einem Topf Fischfond, Weißwein und Noilly Prat bei mittlerer Temperatur auf ein Drittel einkochen. Die Sahne dazugeben, alles aufkochen, mit Limettensaft und Salz abschmecken. Vor dem Servieren mit einem Mixer leicht aufschäumen.

Kohlrabigemüse

2	Kohlrabi
40 g	Butter
etwas	Olivenöl
etwas	abgeriebene Schale einer unbehandelten Orange
etwas	Schnittlauch, in feine Röllchen geschnitten
	Salz
	frisch geriebene Muskatnuss

Für das Gemüse die Kohlrabi schälen und in feine Streifen schneiden. In einer Pfanne Butter und Olivenöl bei mittlerer Temperatur erhitzen und die Kohlrabistreifen darin glasig werden lassen. Mit Orangenabrieb, Schnittlauchröllchen, Salz und Muskat abschmecken.

Nudelteig

250 g Weizenmehl (Type 405)
2 Eigelb
2 Eier
2 EL Olivenöl
1 Prise Salz

Für den Nudelteig das Mehl in eine Schüssel sieben und mittig eine Mulde hineindrücken. In einer kleinen Schüssel mit einer Gabel Eigelb und Eier, Olivenöl und Salz mit 2 EL Wasser leicht aufschlagen. Die Eimischung in die Mehlmulde gießen. Nach und nach das Mehl in die Eimischung rühren, bis ein geschmeidiger Teig entsteht. Nun mit beiden Händen den Teig fest kneten. Sollte der Teig trocken und schwer zu verkneten sein, etwas Wasser einarbeiten. Je länger der Teig geknetet wird, umso elastischer wird er.

Sobald eine glatte Teigkugel entstanden ist, ist der Nudelteig fertig und muss noch etwa 1 Stunde ruhen. Dann nach Wunsch weiterverarbeiten.

Frittches

1 kg dicke Kartoffeln (in Stifte geschnitten)
Pflanzenöl zum Frittieren
Salz

Für die Frittches die Kartoffeln auf einem sauberen Küchentuch gut trocknen. Die Fritteuse mit dem Pflanzenöl auf 130 °C aufheizen und die Kartoffelstifte portionsweise in nicht zu großen Mengen vorblanchieren. Kurz vor dem Servieren die Fritteuse auf 180 °C erhitzen und die Frittches darin goldgelb und knusprig werden lassen. Leicht salzen und gegebenenfalls im vorgeheizten Ofen bis zum Servieren kurz warm halten.

Klöße & Knödel

Kartoffelknödel (halb und halb)

300 g	mehligkochende Kartoffeln, mit der Schale gekocht
600 g	mehligkochende Kartoffeln, fein gerieben
etwas	Knödelweiß oder Vitamin C
3	Eigelb
200 g	Mehl
	Salz
	frisch gemahlener schwarzer Pfeffer
	frisch geriebene Muskatnuss
etwas	Speisestärke

Für die Kartoffelknödel die gekochten Kartoffeln ausdämpfen lassen, noch warm pellen und durch eine Presse drücken. Die geriebenen Kartoffeln in einem Tuch auspressen. Das Kartoffelwasser dabei in einer Schüssel auffangen und stehen lassen, bis sich die Stärke abgesetzt hat. Die geriebenen Kartoffeln mit Knödelweiß mischen, damit sie nicht braun werden. Die abgesetzte Stärke unter die geriebenen Kartoffeln mischen. Die Kartoffeln in einer Schüssel mit den übrigen Zutaten außer der Speisestärke vermengen und aus dem Teig Klöße formen.

In einem großen Topf reichlich Salzwasser zum Kochen bringen, leicht mit Speisestärke abbinden und die Knödel in das kochende Wasser geben. Die Temperatur etwas reduzieren und die Knödel je nach Größe 15–20 Minuten garen.

Kräuter-Gnocchi

600 g	mehligkochende Kartoffeln
200 g	Mehl
2	Eier
150 g	Parmesan, frisch gerieben
	Salz
	frisch gemahlener schwarzer Pfeffer
50 g	Kräuter (Thymian, Salbei, Majoran), fein gehackt
etwas	Butter
etwas	Olivenöl

Die Kartoffeln mit der Schale kochen, ausdämpfen lassen, pellen und durch eine Presse drücken.

Alle übrigen Zutaten außer Butter und Olivenöl in das Kartoffelpüree einarbeiten und aus dem Teig Gnocchi formen. Mit einer Gabel das charakteristische Muster hineindrücken. Die Gnocchi in reichlich kochendes Salzwasser geben, die Temperatur reduzieren und die Gnocchi in 8–10 Minuten garen. Schwimmen sie an der Oberfläche, die Gnocchi mit einer Schaumkelle aus dem Wasser nehmen und trocken tupfen.

In einer Pfanne die Butter bei mittlerer Temperatur zerlassen und mit dem Olivenöl erhitzen. Die Gnocchi darin nachbraten und als Beilage oder mit Saucen und anderen Zutaten als eigenständiges Gericht servieren.

Wickelkloß

500 g mehligkochende Kartoffeln
50 g Butter, plus Butter für die Brotwürfel und zum Braten
300 g Mehl, plus Mehl zum Bestauben
4 Eigelb
Salz
frisch gemahlener schwarzer Pfeffer
frisch geriebene Muskatnuss
etwas Haselnussöl
100 g Graubrotwürfel

Für den Wickelkloß die Kartoffeln mit der Schale kochen, gut ausdämpfen lassen, pellen und durch eine Presse drücken.

In einem Topf bei mittlerer Temperatur die Butter erhitzen, bis sie leicht bräunlich wird. Diese Nussbutter über die Kartoffeln gießen. Mehl, Eigelb und Gewürze einarbeiten.

In einer Pfanne Butter und Haselnussöl bei mittlerer bis hoher Temperatur erhitzen. Die Graubrotwürfel darin kross braten und auf ein Tuch abgießen.

Ein Leinentuch mit Mehl bestauben und ein Rechteck von 20 cm x 30 cm Größe mit Kartoffelteig belegen. Den Teig mit Graubrotwürfeln bestreuen und aufrollen. In das Leinentuch wickeln und dessen Enden mit Küchengarn zusammenbinden. In einem Topf Salzwasser zum Kochen bringen und den Kloß darin bei leicht reduzierter Temperatur 20–25 Minuten ziehen lassen. Den Kloß aus dem Tuch rollen, in Scheiben schneiden und servieren. Nach Belieben die Scheiben in einer Pfanne mit Butter anbraten.

Serviettenknödel

500 g trockene Ciabatta
5 Schalotten
etwas Butter
400 ml Milch
Salz
frisch gemahlener schwarzer Pfeffer
frisch geriebene Muskatnuss
Eier
80 g Kräuter (Thymian, Petersilie, Salbei, Basilikum), fein gehackt
50 g Walnüsse, gehackt

Für den Serviettenknödel das Brot in kleine Würfel schneiden und in eine Schüssel füllen, die Schalotten schälen und fein würfeln. In einer Pfanne Butter bei mittlerer Temperatur zerlassen und die Schalotten darin glasig werden lassen, dann auf die Brotwürfel geben. In einem Topf die Milch einmal aufkochen, mit Salz, Pfeffer und Muskat würzen und über die Brotwürfel gießen.

Die Eier in die noch warme Mischung einarbeiten. Die Kräuter und Walnüsse untermengen und den Teig in Frischhaltefolie zu einer 5 cm dicken Rolle formen. An beiden Enden mit Küchenband zubinden. In einem Topf mit Wasser bei 80 °C etwa 35 Minuten pochieren. Den Knödel aus der Folie rollen, in Scheiben schneiden und in Butter braten.

Rezeptregister

T

W

Z

Autoren

Mario Kalweit, geboren 1968 in Münster, ist ein echter Westfale. Seit seiner Kochausbildung ist er nun seit 30 Jahren im Beruf. Er ist Küchenmeister, Sternekoch (2001–2004) und Fernsehkoch mit über 300 Fernsehauftritten im WDR. Seit 2004 führt er sein eigenes Restaurant, das »La cuisine Mario Kalweit« in Dortmund. Dort spiegelt sich Mario Kalweits Küchenphilosophie in der Verarbeitung der besten Grundprodukte und ihrer Zubereitungsart wieder. Er ist immer auf der Suche nach neuen, hoch qualitativen Produkten, die er in seine Rezeptideen einbauen kann. Sein Wissen gibt er regelmäßig bei Kochkursen weiter.

Franz Altrogge, Jahrgang 1963, lebt und arbeitet als Journalist und Autor in Dortmund. Er schreibt gerne über das Essen und berichtet für TV, Hörfunk und Internet über den Rest des Daseins. Franz erfreut sich an intensivem Leben: der Aufzucht und Hege von Menschenjungen, der Zubereitung und dem Verzehr von Nahrungsmitteln und dem Auf und Ab von Borussia Dortmund. Sein Motto: »Aus'm Brett vorm Kopp 'ne Waffe machen!«

Denise J. Blasczok ist ein überzeugter Foodie. Das zeigt sie unter anderem in ihren Fernsehreportagen. Hier beleuchtet die selbstständige Fachjournalistin Themen rund ums Essen und um nachhaltige Lebensweise. Trends setzen, Aufklären und die persönlichen Geschichten der Menschen sind ihre Leidenschaften. Für »daheim+unterwegs« ist sie seit der ersten Sendeminute für das Kochformat zuständig. Hierfür hat sie neben anderen auch Mario Kalweit entdeckt. Wenn sie nicht gerade neue TV-Kochtalente aufspürt, schreibt sie in ihrem eigenen Blog www.foodup.de. Hautnah und mit Schnappschüssen gespickt erleben ihre Leser dort Backstage-Geschichten rund um ihre Fernseharbeit und erhaschen so einen Blick durchs Schlüsselloch. Denise J. Blasczok lebt mit Mann und Hund in Düsseldorf.

Karin Hessmann sieht und zeigt seit mehr als 25 Jahren die Welt subjektiv durchs Objektiv. Besondere Kennzeichen: diplomatisch und diplomiert, freiberuflich und frei im Kopf. Wo andere knipsen, macht sie Rock'n Roll für die Augen. Sie arbeitet im Team, die Ergebnisse sind – wenn's sein muss – intim. Die Auswahl ihrer Opfer gehorcht keinem Gesetz: Märchen wie Teller, Stühle und Bunker, Angeber und an-Geber. Für dieses Buch war sie die Wunschfotografin.

Ebenfalls erhältlich ...

ISBN 978-3-86244-690-2

ISBN 978-3-86244-673-5

ISBN 978-3-86244-257-7

ISBN 978-3-86244-677-3